요시다 쇼인,
시대를 반역하다

요시다 쇼인,
시대를 반역하다

일본 근현대 정신의 뿌리,
요시다 쇼인과 쇼카손주쿠의 학생들

김세진 지음

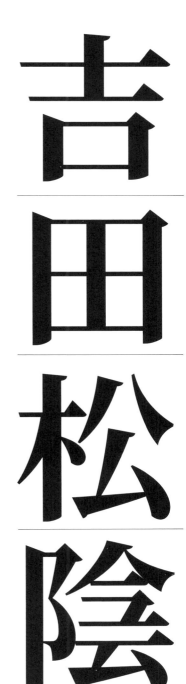
吉田松陰

2018년 8월 15일 광복절에 이 책을 출판하며 요시다 쇼인과 작별했다. 그런데 쇼인은 헤어질 결심을 안 했거나 못 하나 보다. 곳곳에서 계속 찾아온다. 책이 나온 뒤 한국 사회에서 요시다 쇼인을 언급하는 횟수가 급격하게 늘어났다. 전국 각지에서 강연하며 다양한 분들을 만나 '요시다 쇼인들'을 알렸다. 한일관계에 잡음이 있을 때마다 요시다 쇼인이 주요 언론에 등장했고, 2019년에는 거국적인 반일운동이 몰아칠 때 특히 주목받았다.

아베 신조(전 일본 총리)도 종종 도움(?)을 줬다. 그는 자신이 가장 존경하는 인물로 요시다 쇼인을 삼고, 평생의 좌우명도 쇼인의 가르침을 쓸 만큼 'J 아이돌 쇼인의 오타쿠 광팬'이었다. 각종 행사에서 쇼인의 말을 활용하는 등 한국 사회에 쇼인을 더 많이 알리기 위해 노력했다. 그런데 공교롭게도 2022년 길거리에서 선거유세를 하던 도중에 전 해상자위대원이 쏜 총에 맞아 사망했다. 그의 아내는 요시다 쇼인이 했던 말로 남편을 추모했다. 쇼인이 드리운 그림자가 그만큼 짙다는 방증이다. 모쪼록 이 책을 출판한 뒤 한국사회에 요시다 쇼인이란 이름을 기억하는 사람이 단 한 명이라도 더 많아졌다는 사실만으로도 뿌듯했다.

필자는 그 뒤로 제국일본의 기틀을 마련하고 식민지 조선과 대한민국에도 큰 영향을 미치고 있는 '교육칙어'와 '군인칙유' 등을 연구하며 메이지, 쇼와 시대로 시선을 옮겼다. 일본사회가 군국주의, 파시즘으로 옮아가는 과정과 현재 세계 각국의 이해관계를 탐구하면서 공부에 대한 갈증이 커졌다. 그래서 초기부터 함께 빌딩했던 뱅크샐러드를 떠나 고려대학교 국제대학원에 입학했다. 한 학기를 다니자마자 코로나 팬데믹이 발생했고 여러모로 힘든 시기를 견뎌야 했다. 우여곡절 끝에 석사과정을 졸업하면서는 조선 말 이후의 역사와 국제관계를 살피며 한국군의 근원을 있는 그대로 밝혀낸 『한국군의 뿌리』를 출판했다. 20대 대통령 선거에서는 우연한 기회가 닿아 한국정치 생태계에 직간접적으로 부딪혀 보았다. 그리고 대한민국 국군간호·공군·육군·해군사관학교를 지망하는 꿈나무들을 위한 진로 정보를 만들어 제공하며 시기마다 필요한 코칭을 하고 있다.

이와 더불어 산업사회에서 가장 큰 변화를 일궈낸 중국과 중국공산당을 집중적으로 살핀다. 또한 작은 집단의 우두머리였던 마오쩌둥(모택동)이 500만 대군의 장제스(장개석)를 물리칠 수 있었던 핵심요인은 무엇인지, 중국공산당 최고지도자들이 수십 년 동안 매달 한자리에 모여 무엇을 공부해 왔는지 등을 살피며 중국이 나아가려는 방향을 탐색하고 있다. 요시다 쇼인과 그 제자들을 살피던 것과는 또 다른 차원의 주제다. 이렇게 활동하는 과정에서 균형 있는 정보를 더 많은 분들과 나누고 싶어 2020년부터 유튜브를 시작했다. 채널 이름은 KoreaSeJin 코리아세진이다. (어려서부터 전국 곳곳에서 살았기 때문에 나름 '코리아 김씨'다.)

2024년 5월 현재는 태재연구재단의 선임연구원으로서 미래사회 연구에 집중하고 있다. 미중갈등이 빚어낼 파국을 그대로 보고 있어야만 하는가? 갈등을 협력으로 전환하기 위해서 무엇이 필요할까? 산업사회의 최대 산물인 대도시는 어떻게 지구적 차원의 지속불가능성을 악화하고 있는가? '미래가 원하는 미래'는 무엇인가? 지속불가능을 지속가능으로 전환하기 위해 무엇을 해야 하는가? 디지털이 가져올 정보사회로의 대격변을 어떻게 대비해야 하는가? 다음 단계의 시대가치는 무엇인가? 동양과 서양이 서로를 잘 알고 협력하려면 어떻게 해야 할까? 등 광범위하고 어렵지만, 우리 사회의 미래를 위해 꼭 답해야 하는 질문들을 씹어 먹고 내뱉으며 고민하고 있다.

지금 세계인들은 전쟁지역에서 수많은 젊은이들이 총격, 포격, 드론 공격 등으로 사망하는 장면을 방구석에 앉아 실시간으로 관음하고 있다. 한 생명이 저렇게 황망하게 사라질 수 있다는 사실에 충격받으면서도 '평화로운' 일상을 당연히 받아들이고 있다. 그런데 2022년 가을, 미국 백악관은 '탈냉전의 시대는 끝났다'라고 선언했다. 인류사회가 '힘에 의한 지배'가 주름잡는 야만의 시간으로 나아가는 모양새다. 사실 이전부터 소위 '주변부'로 여겨진 지역들에서 그런 조짐은 차고 넘쳤다. 1991년 소련이 몰락하면서 프랜시스 후쿠야마 등 미국 자유주의자들은 '역사는 끝났다'라고 선언하며 자축했다. '앞으로의 인류역사에는 자유민주주의만이 존재할 것'이란 당차고 희망찬 포부였다. 하지만 그 기쁨은 오래가지 못했다. 사무엘 헌팅턴의 주장처럼 세계는 '문명의 충돌'이 격화되고 있고 후쿠야마는 자신의 판단이 성급했다고 반성했다. 지금 세계 곳곳에서는 종교에 기반을 둔 전통문명이 부흥하고 있다. 힌두교를 배경 삼고 인구 1위 국가로 올라선 모디의 인도, 이슬람을 배경 삼아 오스만의 영광을 재현하겠다는 에르도안의 튀르키예, 동방정교회를 배경 삼으며 슬라브 민족의 지도자로 자리매김한 푸틴의 러시아, 막대한 오일머니로 미래도시를 이끌겠다는 빈살만의 사우디아라비아, 중국 특색의 사회주의를 통해 중화민족의 위대한 부흥을 이뤄내고 궁극적으로 인류운명공동체(대동사회)를 구축하겠다는 시진핑의 중국, 1979년 혁명을 통해 신정체제를 구축한 이란 등 지구 곳곳에서 각 문명이 일어나고 있다.

세계 유일의 초강대국 미국은 이런 역동적인 거대한 변화를 뒤늦게나마 인정하고, 본래 자신이 누리던 지위를 공고히 하기 위해 사방팔방으로 힘쓰고 있다. G7, 나토, 오커스(호주-미국-영국), 파이브 아이즈(미국, 영국, 캐나다, 호주, 뉴질랜드) 등 전통적인 동맹국을 비롯해 한국, 필리핀, 대만 등과의 연대를 강화하며 전통문명국가의 부흥을 견제하고 있다. 특히 일본과의 전략적 동맹관계를 강화하고 있다. 2024년만 해도 유엔군사령부 후방기지들을 대폭 보강하고, 주일미군의 전력을 증강하며, 일본 자위대의 확장/증편 및 해외활동을 용인하며, 군사무기 제작과 수출을 촉진하는 등 일본을 군사대국으로 키워 중국과 러시아를 견제하려고 한다. 세계 군사력 순위로 치면 전교 6등 수준으로 평가받지만 반에서 5등인 처지의 한국이 풀어야 하는 방정식의 난이도는 더 높아지고 있다.

지난 2020년 한국의 유력한 모 정치인은 『피크 재팬, 마지막 정점을 찍은 일본』[1]이란 책을 들고 다니며 정당 의원들에게 필독을 강권했다. "일본은 끝났다. 정점을 찍고 내리막길에 있다. 거기서 교훈을 얻어야 한다"라고 설파한 것이다. 그런데 웬걸? 정작 일본은 다시 일어나는 모습이다. 세계 모든 국가가 금리를 인상할 때 이례적으로 마이너스 금리를 유지하며 한국보다 높은 경제성장률을 기록하고, 청년들은 기업에 지원만 하면 고용되고 있다. 또한 외국 관광객이 매년 2천만 명 이상 몰려오는 동시에 이민의 문을 활짝 열어 외국의 우수 인재들을 대거 흡수하고 있다.

그런데 한국사회에는 미일동맹이 한미동맹보다 더욱 전략적이며 중요한 위치에 있다는 사실을 인정하지 못하고, 일본의 전략적 지위를 억지로라도 낮춰서 보려는 경우가 많다. 또한 일본 사회를 업신여기며 반일부터 외치고 눈과 귀를 닫아버리거나 대중을 호도하는 일도 심심찮게 벌어진다. 게다가 한국의 언론과

---

1. 브래드 글로서먼(김성훈 역), 김영사, 『피크 재팬, 마지막 정점을 찍은 일본』, 2020.

지식인들은 일본 경제의 "잃어버린 30년"을 지적한다. 전직 대통령은 "다시는 일본에 지지 않겠다"라는 말을 뱉기도 했다. 한국은 지난 수백 년 동안 단 한 번도 일본의 경제력을 넘어서 본 적이 없다. 기초과학 분야의 노벨상 수상자라곤 단 1명도 없는 현실에도 불구하고 일본을 일단 '무시'하고 보는 현상은 계속 이어진다. 경제가 성장하는 일본, 군사대국 일본은 한국에 무엇을 의미하는가? 정말로 일본은 끝났는가?

한반도 주변에 거대한 국가 혹은 세력이 부상할 때마다 한반도는 어김없이 재난을 겪었다. 그 근거는 너무나 명확하고 참혹해서 할 말을 잃게 한다. 16세기 명나라가 흔들리고 일본이 전국을 통일하며 부상할 때 한반도는 임진왜란과 정유재란을 겪었다. 17세기 만주족이 굴기하며 청나라를 만들고 명나라가 쇠락할 때 정묘호란과 병자호란을 겪었다. 19세기 청나라가 흔들리고 제국일본이 떠오를 때 이 땅에선 청일전쟁이 발발했고, 쇠락하는 러시아제국과 떠오르는 제국일본이 한반도에서 20세기 첫 세계대전을 시작했다. 한반도의 재난 여기서 그치지 않는다. 2차 대전 이후 미국과 소련이 세계를 양분하면서 한반도는 분단되고 6.25전쟁을 겪어 지금에 이르고 있다. 1990년대만 해도 한국보다 한참 못 살던 중국은 2001년 세계무역체제(WTO)에 편입되더니 순식간에 일본을 제치고 세계 2위의 경제 규모로 성장했다. 이미 미국을 넘어서는 구매력과 군사무기 생산력을 갖췄으며, 독자적으로 우주를 다녀오는 것도 모자라 항법시스템과 우주정거장을 만들고 있다. 미국은 중국이 '유일한 전략적 경쟁자'라고 선언하면서 다급하게 전방위적인 압박에 나섰다. 무역전쟁, 관세전쟁에 이어 땅, 바다, 하늘에서의 군사적 대립도 빈번하게 벌어지고 있다. 중국의 부상은 한국에 무엇을 말하고 있는 걸까?

요약하자면, 지금 한국은 잘 먹고 잘사는 문제를 넘어 죽느냐 사느냐의 문제까지 깊이 고민해야 하는 순간이다. 어느 지도자가 잘못해서, 혹은 보수나 진보 어느 한쪽이 잘못해서라기보다는 잘못해서라기보다는 세계정세와 국제관계의 영향이 막대하다. 시야를 지구로 넓혀야 하는 이유다. 여기에 더해 인구소멸과 국가쇠멸이라는 암울한 미래상이 눈앞에 펼쳐지고 있다. 젊은 세대부터 노년세대까지 불행과 무기력감이 팽배하며, 계층, 세대, 이익집단, 이념집단, 종교 간의 갈등은 점점 더 첨예해지며 심리적 내전 수준으로 치달았다. K팝, K드라마가 국제사회의 주목을 받곤 있지만 유행은 연기처럼 사라지기 쉬운 본질을 갖고 있다. 과학기술력과 기간산업의 토대는 일본을 앞선 적도 없으며 한참 뒤떨어져 있었던 중국에도 밀린 지 오래다. 게다가 지구에 있는 그 어떤 국가보다도 가장 직접적이고 즉각적인 핵무기의 위협에 노출되어 있다. 그뿐인가? 인쇄술이 종교개혁, 르네상스와 산업혁명을 추동하고 농업사회에서 산업사회로의 대전환을 촉진했던 것처럼, 디지털은 산업사회에서 정보사회로의 대격변을 예고한다.

개정판 출간에 부쳐

앞으로의 미래는 이제까지와는 차원이 다른 변화와 혼란으로 점철될 가능성이 높다. 다시는 기존처럼 비극적인 재난을 겪지 않기 위해, 미래에 대한 치열한 고민과 일개 국가 단위를 초월한 협력이 필요한 오늘이다.

　여러 가지 어두운 전망에도 불구하고 필자는 특히 젊은 세대에게 '그만 징징대고 일어나자'라고 외치고 싶다. 우리는 이렇게 절망할 만큼 힘든 세대인가? 전혀 그렇지 않다. 현재 2030 젊은 세대는 한반도 역사상 최고로 번영하며 물질적 풍요를 누리는 세대다. 우리의 할아버지/할머니 세대는 태어나보니 나라가 없었고 전쟁 난리를 겪어야 했다. 아버지/어머니/삼촌/이모 세대는 태어나보니 굶주림을 버티며 살아남아야 했고, 권위주의 독재를 견뎌야 했다. 우리의 선생(先生)들은 자신들이 해결해야 하는 시대적 과제를 충실히 완수해내며 지금의 사회를 이룩했다. 피와 땀과 눈물로서 세운 대한민국이 이대로 소멸하고 무너지도록 비평과 관전만 해서는 안 된다. 우리도 우리 세대가 마주한 시대적 과제들(산업사회의 지속불가능성, 디지털 대전환, 미중갈등 등)을 해결하기 위해 도전해야 한다. 시대를 반역해서라도, 미래가 원하는 미래를 만들겠다는 굳센 마음과 정신이 필요하다. 필자는 그 길에 헌신해 보고자 작심삼일일지라도 다짐하며 노력하고 있다. 우리가 함께 미래로 나아가지 않으면, 미래는 없을 것이다.

산업화에 성공한 서양은 농업문명에 머물러 있던 동양을 점령해 왔다. 200년 이상 지속된 에도막부 체제는 점점 그 수명을 다해갔다. 그때 쇼인은 가장 먼저 일어나 행동하며, 자신의 삶을 불태웠다. 죽음으로써 꽃이 됐고 그 씨앗들이 일본을 거목으로 키워냈다. 즉, 일본은 동양에서 유일하게 자력으로 산업사회를 일궈냈고, 그 과정을 통틀어 '메이지 유신'이라 한다. 유신의 주인공들을 발굴하고 가르쳤던 쇼인이 메이지 유신의 아버지이자 일본에서 가장 훌륭한 교육자 그리고 학문의 신으로 여겨지는 이유다. 하지만 일본제국의 권력가들은 자신들만의 논리와 탐욕에 빠져 자기 스스로와 인류를 비극으로 몰아갔다. 절제하지 않는 권력이 어떤 결과를 낳게 되는지, 너무나 명확한 답안지를 작성해서 보여준 것이다.

한편 중국공산당 지도자들도 요시다 쇼인을 주목하며 깊이 이해하고 있었다. 2003년 11월 24일, 중국공산당 중앙정치국 최고지도자들은 〈15세기 이후 세계 주요 국가의 발전역사 고찰〉이란 주제로 '집단학습'을 실시했다. 그 직후부터 중국 공영방송인 CCTV가 전 세계의 분야별 석학 약 100명을 모아 3년 동안 〈대국굴기〉 다큐멘터리와 『대국굴기, 강대국의 조건』이란 책을 만들었다. 15세기 이후 세계를 이끌었던 포르투갈, 스페인, 네덜란드, 영국, 프랑스, 독일, 일본, 러시아, 미국 등의 흥망성쇠를 분석한 것이다. 이 시리즈는 13억 중국인들의 가슴에 불을 붙였고 한국에서도 큰 주목을 받았다. 그중 일본 편에서는 메이지 유신

개정판 출간에 부쳐

전후의 주요인물과 의사결정 그리고 역사적인 흐름을 상세하게 다룬다. 그런데 책 초반부터 끝까지 가장 많이 등장하는 이름이 바로 요시다 쇼인이고, 주요인물의 상당수가 쇼카손주쿠 학생들이다. 34년 11개월간 식민지배를 당했고, 지금도 일제 강점기에 치를 떠는 한국만이 식민지배의 심장을 잘 모르고 있다.

그렇다면 현재 일본사회는 인류의 미래에 어떤 비전을 제시하고 있는가? 짧은 식견으로 판단해 보자면, 기존의 성공방정식인 '메이지 유신' 이상은 보이지 않는다. 아베 신조가 '인도-태평양 전략'을 제시하고 미국이 이를 국가전략으로 삼기는 했지만, 산업사회에서 너무나 많은 피를 흘렸던 체제와 별반 다르지 않다. 일본 내부에서도 '유신'만 되풀이하고 있을 뿐이다. 천황제를 비롯해 자신들만의 논리와 사고체계를 넘어서지 못하는 한, 일본사회가 가진 한계는 명확하다. 그럼에도 불구하고 요시다 쇼인은 일본의 성패, 지도자들의 사고구조, 권력체계의 특징 그리고 역사가 현재와 미래에 미치는 영향 등을 동시에 파악할 수 있게 해주는 인물이다. 또한 새로운 시대에 도전하는 인재들을 어떻게 양성할 수 있는지, 무엇을 가르치고 싹 트게 해야 하는지 등의 단서도 얻을 수 있다. 무엇보다도 농업사회에서 산업사회로 전환될 때, 일본은 어떤 생각과 행동을 했는지를 관찰함으로써 다음 단계 사회로 나아가는 과정에서 취하거나 버려야 할 점도 탐색할 수 있을 것이다.

이번 개정판 작업에서는 초판의 내용과 틀을 최대한 보전하려고 했다. 저자가 쇼인을 탐방하고 연구하던 당시의 생각과 마음을, 앞으로의 독자들에게도 있는 그대로 전해드리고 싶기 때문이다. 초판과 달라진 점을 간략하게 짚어보자면 일단 출판 이후 탐방하고 답사한 일본 각지(도쿄, 요코스카, 오사카, 교토, 후쿠오카, 나가사키, 하기, 시모노세키 등)에서 확보한 사진 약 50장을 반영했다. 초판에서 설명이 부족했거나 누락된 부분도 보완했다. 2015년 쇼인의 학교(쇼카손주쿠)가 유네스코 세계문화유산으로 등재된 뒤에 완공된 기념시설에 대한 내용도 포함했다. 그리고 출판이후 연구하며 참고했던 문헌을 추가하고, 유튜브 '코리아세진'에 올린 현장답사 영상들도 손쉽게 보실 수 있도록 부록으로 덧붙였다. 바라건대, 독자분들께서 더 입체적이고 생생하게 요시다 쇼인과 쇼카손주쿠를 이해할 수 있다면 좋겠다.

2019년은 3.1운동과 대한민국 임시정부 수립 100주년이었다. 1년 동안 정부, 공공기관, 기업, 학계, 시민단체 등에서 온갖 종류의 기념행사를 열었다. 그런데 '왜 3.1운동을 해야 했을까?', '왜 임시정부를 만들어야 했을까?' 등의 질문과 담론은 그 어디서도 찾기 힘들었다. 다들 태극기 들고 만세!만 되풀이했다. 선조들께선 우리가 다시 만세운동을 하길 바라실까? 결단코 그렇지 않을 것이다. 후생(後生)들이 다시는 만세운동과 독립운동을 할 일이 없기를 간절하게 원하고 계신다. 그렇다면 "지금 나는 무엇을 해야 하는가?" 고민하다 보니, 지난 날 혈기 하나만 갖고 단기 필마로 덤벼들어 쇼인을 탐구하던 시절이 생각났다. 두렵고 지칠 때마다 두 충무공(이순신, 김시민)을 떠올리며 힘과 용기를 얻곤 했다. 아무도 강요하지도 않았는데, 혼자서 왜 그렇게 열 내고 성내며 요시다 쇼인을 향해 달렸던 걸까? 몇 년이 지났건만 나도 아직 잘 모르겠다. 어쩌면 삶이 그 해답을 가져다줄 것이다. 그래도 그동안 선명해진 생각 하나를 독자분들과 나누며 요시다 쇼인과의 재회를 매듭짓는다.

모르면 죽는다.
어설프게 알면 당한다.
제대로 알아야 산다.

함께 지피지기하고 백전불태에 도전합시다!

- 2024년 5월, 코리아세진

　　　　　도마 안중근(安重根, 1879~1910), 그는 1909년 10
월 26일 만주의 하얼빈역에서 '민족의 원수' 이토 히로부미를
사살했다. 오늘날 한국은 일본과의 역사를 인식할 때 '이토 히
로부미'에 이르러 이성적인 판단이 끝나버리고, 감정에 파묻
히는 경우가 많다.(정확히 내가 그랬다.) 이토 히로부미를 포함해
일본의 많은 인물들이 요시다 쇼인이라는 스승에게 크게 영향
을 받았다는 사실은 한국사회에 잘 알려지지 않고 있으며, 또
제대로 알려지기도 어려운 현실이다. '이토'로 대변되는 반일
'감정'을 한 꺼풀 걷어내고 한 걸음만 들어가면 볼 수 있다. 제
대로 보아야 제대로 알고 소통할 수 있다. 알지 못해 발생하는
비극과 수치를 피할 수 있다.

　　　한국에서 그나마 요시다 쇼인을 알고 있는 사람들은 쇼인
을 '이토 히로부미의 스승'이며, '한반도를 정벌해야 한다'라는
정한론(征韓論)을 집대성한 인물로 알고 비난하는 수준에 머물
고 있다. 하지만 2018년 현재 일본의 총리인 아베 신조는 요시
다 쇼인을 존경하며 그의 가르침을 좌우명으로 삼고 있으며,
일본 정치인들이 수시로 참배하며 한국인과 주변국가들을 분
노하게 하는 '야스쿠니 신사'가 '야스쿠니 신사'가 원래 요시다
쇼인 등을 기리기 위해 세워진 사실은 거의 알려지지 않았다.
쇼인이 '교육의 아버지' 페스탈로치와 동등하게 여겨지고, 일

16

본 우익사상의 아버지로도 여겨지며, 독도영유권 주장과도 관련 있다는 사실도 마찬가지다.

이 책은 '요시다 쇼인'을 낱낱이 알리는 한반도 역사상 최초의 책이다. 한반도의 역사는 물론이고 오늘날까지도 절묘하게 인연을 맺고 있는 요시다 쇼인을 직간접적으로 다룬 책이 1,200권이 넘는 일본과 달리 한국에는 2018년 현재 단 한 권도 존재하지 않는 현실, 그리고 지피지기를 외치면서도 감정에 사로잡힌 채 행동하지 않는 게으른 자아를 '반역'하는 책이기도 하다.

요시다 쇼인과 그의 학교 쇼카손주쿠에서 함께했던 학생들의 삶을 살피며, 일본과 한반도의 근현대사를 지금보다 폭넓게 비출 수 있을 것이다. 건강한 한일관계의 기반을 다지고, 진정한 지피지기와 독립을 이루는데 작은 밑거름이 될 수 있으면 좋겠다.

-2018년 여름, 김세진

메이지 유신 태동의 땅

요시다 쇼인을 만나러 가는 길

1853년 미국 페리 제독의 함대가 일본의 에도(지금의 도쿄) 앞
바다에서 쏘아올린 포성은 일본 역사의 거대한 전환을 알리는 신
호탄이었다. 에도막부가 지배해 온 기존의 사회질서와 신분체계
가 점점 흔들리는 가운데, 1200년대 고려와 몽고 연합군의 일본
정벌 시도 이후 600여 년 만에 처음으로 외세의 침략위협에 처한
일본은 극도로 혼란스러워졌다. 이렇게 안팎으로 어려운 상황에
서도 메이지 유신이라는 일련의 근대화개혁에 성공하며 제국 열
강으로 성장할 수 있었다.

이 과정에서 시대와 체제를 반역했던 젊은 지사들이 크게
활약했다. 반역이란 용기와 행동으로 변화를 이뤄내는 행위이며,
이미 있는 것에 저항하고 투쟁하며 새로운 단계로 나아가는 도전
이기도 하다. 요시다 쇼인(吉田松陰, 1830~1859)은 그간의 체제와
사상을 반역하며, 새로운 시대를 열어젖히려 했던 대표적인 인물
이다.

후지타 쇼조(藤田省三, 1927~2003)라는 정치학자는 '메이지 유신
은 개국과 양이, 막부타도와 지지 등 노선의 선택이 아니라 번을 벗어난
지사들의 활발한 교류가 있었기에 가능했다'라고 분석하며 그 선구자
로 요시다 쇼인을 지목했다.

또한 『보물섬』, 『지킬박사와 하이드』를 쓴 로버트 스티븐슨은 1880년 빅토르 위고, 월트 휘트먼, 데이비드 소로 등 9명의 인물을 다룬 책[1]에서 '요시다 토라지로(쇼인)'라는 일본인을 비중 있게 다뤘다.

"요시다 토라지로(쇼인), 영어권 독자들은 아마 알지 못할 이름이지만, 나는 그가 가리발디 등과 동등한 이름으로 여겨져야 한다고 생각한다. 우리는 그의 생애와 그가 일본의 혁명적인 변화(메이지 유신)에 끼친 영향을 자주 듣게 될 것이다."

내가 쇼인을 처음 알게 된 것은 2015년이었다. 한 책에서 쇼인의 이름을 접했는데, '한반도를 정벌해야 한다'라고 주장했다는 문구를 보고는 청년 장교로서 분노와 부아가 치솟았다. 그러는 한편으론 지적인 호기심도 생겨나 그를 다룬 책이 있는지 찾아봤지만 한 권도 찾을 수 없었다.

그로부터 1년 뒤, 건명원의 한 강의에서 다시 쇼인의 이름이 언급되면서 운명적인 만남을 직감했다. 나는 더 이상의 호기심을 참지 못하고 직접 책을 써야겠다고 결심하게 됐다. 곧바로 종로의 한 일본어학원에 등록하여 일본어를 익히고, 정독도서관에 온종일 틀어박힌 채 일본을 다룬 책을 닥치는 대로 읽어나갔다.

---

1. 『Familiar Studies of Men and Books(1880)』

2016년 6월 5일 일본어로 간단한 인사와 자기소개만 가능한
상태에서 홀로 후쿠오카[2]로 떠나, 신칸센과 버스를 타고 요시다
쇼인과 이토 히로부미의 고향인 '하기(萩)'에 도착했다. 일본 역사
를 이끈 인물들이 태어난 곳이라기엔 너무나 작고 적막한 도시라
잘못 찾아간 것 같았다. 허름한 가게에서 자전거를 빌려 타고 쇼
인 신사로 이동하니 '메이지 유신 태동의 땅'이라고 적힌 비석이
있었다.

요시다 쇼인 역사관

　　밀랍인형을 활용해 쇼인의 생애를 파노라마처럼 펼쳐놓은
역사관에서는 야마구치 현 출신의 일본 총리 8명의 초상화에 이
토 히로부미와 아베 신조가 나란히 그려진 포스터를 넋 놓고 바

2.　후쿠오카(Fukuoka, 福岡) : 일본 규슈 정치·경제·문화의 중추도시. 역사적으로 규슈·
　　쓰시마 등을 관할했고, 16세기에는 도요토미 히데요시가 규슈를 정벌하며 하카타를
　　본격적으로 개발하며 해외무역을 통해 번영했다.

요시다 쇼인을 만나러 가는 길

라보았다.

몇십 걸음을 걸으니 쇼인의 학교 '쇼카손주쿠'와 쇼인을 신으로 받드는 쇼인 신사가 있었고, 신사에서 자전거로 3분 정도 걸려 이토 히로부미의 생가와 별장에 다다랐다. 이토를 형상화한 작은 동상이 나를 내려다보는데, 왠지 모르게 느껴지는 음습한 기운을 견디기 힘들었다.

하기 시 전체가 내려다보이는 작은 공원으로 올라가니 쇼인의 출생지 터와 묘지 그리고 동상이 있었다. (쇼인동상은 동해바다를 강렬하게 바라보고 있다.) 하기 시의 대형마트에는 쇼인을 본 딴 과자와 빵이 있고, 쇼인의 초상과 명언을 적은 학용품, 시계 등 다양한 물건이 진열되어 있고, 시내 곳곳의 식당에는 쇼인을 포함해 하기 출신 인물들의 초상을 모은 카탈로그가 걸려 있었다. 하기소학교에서는 '쇼인선생의 말씀'을 암송하기도 한다.

일본어를 읽을 수는 없었지만 쇼인이라는 글자가 적혀있는 모든 자료를 긁어모았다. 그리고 한국으로 돌아오는 항공기 안에서 끊임없이 되물었다.

'도대체 요시다 쇼인이 누구이며 무엇을 어떻게 했길래, 도시 전체가 기리고 있는 걸까? 왜 한반도 역사와도 직간접적으로 엮인 그를 어느 역사수업에서도 접하지 못한 걸까?'

마치 넋이 나간 사람처럼 쇼인에 몰두해 있던 나를 보며, 부모님은 혀를 끌끌 차시기도 했다. 육사 생도 시절에 존경했던 한 선배는 "나다 싶으면 해라"라고 가르쳤다. 나는 쇼인의 생애와 행적을 한국 사회에 온전하게 밝혀내야 하는 한국인은 '나다 싶었다.' (아직도 그 정확한 이유는 잘 모르겠다.)

해리포터 시리즈에서 절대 이름이 불려서는 안 되는 존재인 '볼드모트'처럼, 한국인에게 유독 가려져 있는 요시다 쇼인을 독자 여러분과 함께 만나려고 한다.

일본 야마구치 현 하기 시(山口県 萩市)

© 정순태 칼럼, "요시다 쇼인의 정한론(征韓論)과 아베 신조의 대한관(對韓觀) - 아베 신조의 정치적 자궁(子宮) 조슈를 가다④", http://pub.chosun.com, 2014.01.28.

요시다 쇼인을 만나러 가는 길

1

에도시대와 조슈번
(야마구치 현)

에도시대와 조슈번(야마구치 현)
일본의 근현대

에도시대와 조슈번(야마구치 현)

일본인의 이름과 일본의 지명이 도저히 눈에 들어오지 않아 진도를 나가지 못해, 정독도서관 앞마당 벤치에 앉아 한탄하며 눈물을 삼킨 적이 있다. 하지만 '에도막부'와 '조슈번'에 대해 알아야만 쇼인과 만날 수 있기에, 1장에서는 최대한 간략하고 압축적으로 용어와 그 역사적 배경에 대해 언급하려 한다.

먼저 '에도막부'에 대해 간략히 전한다.

한국인 모두가 어려서부터 알고 있는 일본인이 있으니, 바로 도요토미 히데요시(豊臣秀吉, 1537~1598)다. 일본으로부터 나라를 지켜낸 민족의 영웅, 이순신 장군과 함께 언급되는 유명인사이기도 하다. 일본의 지도자였던 히데요시가 사망한 뒤 '에도막부'[1]가 권력을 갖게 됐다. 에도막부는 17세기부터 19세기 중반까지 일본을 통치한 체제를 가리킨다.

임진왜란이 일어나기 전의 일본은 각 지역의 세력가들이 수시로 전쟁을 일으키며 혼란을 겪고 있었다. 오다 노부나가(織田信

---

1. 에도막부(江戸幕府) : 에도는 오늘날 일본의 수도인 도쿄의 옛 이름이고, 막부는 전쟁터의 사령부를 뜻하다가 무사정권 자체를 의미하게 됐다. 1192년 가마쿠라 막부 시기부터 무사정권이 통치한 일본을 '병영국가'라 부르기도 한다.

長, 1534~1582)라는 걸출한 인물이 일본을 통일시키고자 노력했으나 부하에게 암살당하고, 결과적으로 도요토미 히데요시가 일본을 통일하게 됐다. 그는 수십 년의 전쟁으로 인해 일본 내부에 잔뜩 응축되어 있는 힘을 밖으로 풀어내어 자신의 권력을 다지고, 일본의 영토를 더욱 넓히고자 대륙으로 눈을 돌렸다. 명나라로 가는 길을 열어달라고 요구했지만 이를 거부한 조선을 침략한 것이 바로 임진왜란이다. 조선은 이미 전쟁을 수없이 경험한 일본군과 싸우는 족족 패배했고, 선조는 백성들을 버리고 도망 다녀야 했다. 나라가 사라져도 이상하지 않을 때, 이순신 장군이 바다에서 히데요시의 야망을 좌절시키고, 전국 곳곳에서 의병들의 활약이 이어지며 나라를 지킬 수 있었다.

1598년 절대권력자 히데요시가 61세의 나이로 세상을 떠나자 일본은 다시 혼란에 빠졌지만, 도쿠가와 이에야스(德川家康, 1543~1616)가 히데요시 부하들과의 전투에서 크게 승리하면서 일본의 최고지도자가 됐다. (세키가하라 전투 / 1608년)[2]

이에야스는 일본의 평화를 이어가고자 에도(지금의 도쿄)를 수도로 삼고 중앙정부(막부)를 세웠다. 이제부터 쓰일 '에도막부'라는 단어는 곧 '도쿄에 세워진 정부'라고 이해하면 된다. 에도막

---

2. 혼란한 시대를 평정하는 기반을 마련한 오다 노부나가, 그 기반을 탄탄히 다지고 일본을 통일한 도요토미 히데요시, 통일 일본을 활짝 꽃피운 도쿠가와 이에야스. 이 세 남자가 어린 시절부터 서로 얽히고설킨 이야기는 일본 대하드라마의 단골 주제다. 일본인이 존경하는 인물을 선정할 때마다 이들 3명은 언제나 가장 먼저 손에 꼽힌다.

부를 이끄는 지도자는 쇼군(將軍)[3]이라고 불렸는데, 쇼군이 된 이에야스는 일본을 300여 개의 번(藩)으로 나누고 각 번을 다스리는 장군(다이묘, 大名)을 임명했다.

쇼군은 다이묘가 다스릴 땅을 나눠주고, 세금을 걷을 수 있는 권한을 주는 한편, 각 번이 반란을 일으키지 못하도록 매우 강력한 통제정책을 추진했다. 무가제법도(武家諸法道)[4]와 참근교대(參勤交代)[5] 등이 그것이다.

이처럼 에도시대에 중앙정부인 '에도막부'와 지방정부인 '번'이 공존하는 체제를 '막번체제(幕藩體制)'라고 부른다.

다음은 '조슈번'이다.

임진왜란 당시 조선을 침략하기도 했던 모리 데루모토(毛利

---

3. 쇼군(將軍) : 가마쿠라 시대부터 막부의 수장으로써 일본의 실질적인 통치자를 의미하는 직책이 됐다. 가문이 대를 이어 승계하는 경향이 있었고, 에도 막부 시대까지 최고권력자로 존재했으나, 메이지 유신 이후 폐지됐다. 정식명칭은 세이이타이쇼군(征夷大將軍, 정이대장군)이다.

4. 무가제법도(武家諸法度) : 일본식 발음은 부케쇼핫토. 에도막부가 번의 다이묘를 비롯한 무사들을 통제하기 위해 제정한 법령. 성곽의 신·증축은 막부의 허락에 의해서만 가능하고, 다이묘 간의 허가되지 않은 결혼은 금지했다. 또한 독자적으로 선박을 만들지 못하게 하고, 기독교 포교를 금지하는 등의 등의 통제를 포함한다.

5. 참근교대(參勤交代) : 일본식 발음은 산킨고타이. 에도막부 시절 각 번의 번주를 정기적으로 에도를 오가게 하며 번의 재정지출을 증가시키고, 번주의 처자식을 에도에 거주시키는 등 반란을 일으키기 못하도록 통제한 제도로 270여 년 간 평화를 유지하는데 크게 기여했다.

1장. 에도시대와 조슈번(야마구치 현)

막번체제의 권력구조도

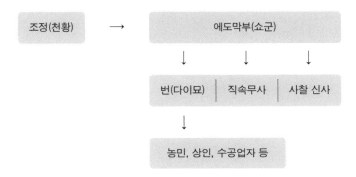

輝元, 1553~1625)[6]는 도요토미 히데요시의 충실한 부하였다. 8개 지역을 통치하며 112만 석의 재산을 가져서 가장 강력한 지방 영주 중 한 명인 모리는 히데요시가 죽고 난 뒤 도쿠가와 이에야스와 전쟁을 벌였지만 패배했다. 이에야스는 모리의 권력과 재산을 대폭으로 삭감하고[7] 서부의 '조슈번(長州藩, 지금의 야마구치 현)'으로 쫓아냈다. 모리는 에도막부의 허락을 받아 '하기(萩)'에 자그마한 성곽을 짓고 하기를 중심지로 삼았다. 이후 모리의 후손들은

---

6. 모리 데루모토(毛利輝元 1553~1625) : 히로시마를 근거지로 한 도요토미 히데요시의 최측근. 세키가하라 전투에서 서군의 총대장을 맡았으나 도쿠가와 이에야스에게 패배하고 조슈번으로 쫓겨났다. 임진왜란 당시 약 3만 명을 이끌고 조선을 침략해 경상도 지역을 휩쓸고 부산에 왜성 등을 세웠다. 정유재란 당시 황석산성 전투 등에 참전하고, 조선의 도자기 제작가들을 마구잡이로 일본에 끌고 갔다. 하기는 일본 최고의 도자기 제작지로 발전했다. 특히 조선인 도공 이경이 만든 조선식 사발에는 이도다완이라는 명칭이 붙었고, 이도다완 1점이 일본국보로 지정돼 교토 대덕사에 보존돼 있다. 그 후손들은 하기에서 대대로 도자기를 만들어왔고, 일본에서 가장 오래된 가마도 하기에 있다.

7. 2개 지역, 37만여 석

대대로 조슈번을 다스리면서 에도막부의 명령을 잘 따랐지만 태생적으로 에도막부에 대해 반감을 품을 수밖에 없었다.

한편, 에도막부와 다른 번들이 농업에 치중했던 것과 달리 조슈번은 제지 등의 경공업방식으로 경제를 전환하고, 계속해서 토지를 개간하여 1백만 석 규모의 경제를 확보했다. 또한 교육에도 크게 투자하며 인재양성에도 힘썼다. 에도막부 말기에 다른 번이 빈곤에 시달릴 때 조슈번은 경제여력을 활용해 서양식 군대를 기를 수 있었고, 에도막부에 대항할 수 있는 군사력을 바탕으로 메이지 유신을 이끌게 됐다.

조슈번이 200년 넘게 에도막부에 대해 가져온 반감은 19세기 서양세력의 등장과 함께 촉발된 존왕양이 사상(천황을 받들고 서양세력을 물리치자)과 융합되어 젊은 사무라이들을 움직이게 했다. 그리고 그들에게 크게 영향을 준 강력한 지도자가 바로 요시다 쇼인이었다.

▲ 하기성터
◀ 모리 데루모토
▼ 하기성 옛 모습

일본의 근현대

　에도막부는 17세기부터 19세기까지 200년 넘게 일본을 평화롭게 이끌었지만, 상공업이 발달하면서 기존의 신분제도가 무너지고 지배계층인 사무라이들이 빈곤에 시달리며, 계속된 권력세습으로 인해 권력층이 부패하는 등 다양한 폐단으로 인해 사회가 점점 혼란스러워졌다.

　한편, 18세기 중후반 영국에서 시작된 산업혁명은 역사의 흐름을 새롭게 바꾸었다. 서양국가들은 앞다퉈 증기기관을 비롯한 다양한 과학기술을 발명하고 도입하며, 활발하게 식민지를 개척했다. 동양세계에서 '세상의 중심'으로 여겨졌던 청나라마저 아편전쟁에서 패배하며 영국에 무릎을 꿇게 되자, 조선과 일본 등은 문을 더 굳게 걸어잠갔다. 하지만 밀려오는 서양세력에 대응할 수 있는 힘을 기르지는 못했다.

　1853년 미국 페리 제독의 함대가 도쿄 앞바다에 들어와 개항을 강요한 것은 대전환의 시작이었다. 일본은 에도막부를 도와 위기를 극복해야 한다는 세력과 에도막부를 없애고 천황을 중심으로 뭉쳐야 한다는 세력으로 분열됐다. 유혈사태와 몇 차례의 전쟁 끝에 에도막부가 물러나고 천황이 전면에 등장했다. 천황의 권위를 활용한 세력이 강력하게 추진한 개혁·개방정책(메이지 유신)이 성공하면서, 일본은 서구열강과 어깨를 나란히 하는 제국

1장. 에도시대와 조슈번(야마구치 현)

으로 성장했다.

　제국으로서 식민지팽창정책을 추진하던 일본이 청나라, 러시아와의 전쟁에서 승리하면서, 아시아에서 더 이상 일본을 견제할 수 있는 국가가 없었다. 일본은 조선과 만주 등을 식민지로 삼고 더욱 몸집을 불렸다. 1940년대에는 더욱 과격해진 사상으로 통치한 결과 미국의 진주만을 기습적으로 공격하며 태평양 전쟁을 일으켰다.

　이후 필리핀, 호주 등을 침략하는 등 전 세계가 공포에 떨기도 했지만, 점점 궁지에 몰리는 가운데 미국이 히로시마와 나가사키에 2발의 핵폭탄을 투하하자, 무조건 항복을 선언했다. 경제가 피폐해진 전쟁범죄국가 일본은 그들로선 큰 행운이 따라, 1950년 발발한 한국전쟁을 통해 세계 2위의 경제대국으로 급성장하게 됐다.

　앞서 언급된 메이지 유신은 강대국, 선진국 일본의 기틀을 마련한 핵심적인 사건으로 즉, 일본이 농업사회에서 산업사회로 전환하는데 결정적인 사건이었던 것이다. 이를 주도했던 인물의 절반 이상은 조슈번의 하기(萩)에서 태어나고 길러졌다. 그리고 조슈번은 운명의 장난이라는 말론 턱없이 부족할 만큼 한국 역사와도 매우 밀접하게 엮여있다. 굳이 설명이 필요 없는 이토 히로부미, 일본 군국주의의 화신이며 청일전쟁과 러일전쟁을 이끈 야마가타 아리모토 등을 비롯해 강화도 조약과 명성황후(민비) 시해의 배후 이노우에 가오루, 명성황후(민비) 시해의 주범 미우라 고로, 초대 조선총독 데라우치 마사타케 등 한국 근현대사를 만들어 간 일본인 중에는 하기 출신이 유독 많다. 그리고 그들의 생애를 역으로 되짚어 올라가면 직간접적으로 '요시다 쇼인'을 만나게 된다.

2018년 현재 약 5만 명이 사는 조그만 도시인 하기(萩)는 삼면이 산으로 둘러싸여 있고 나머지 한 면은 동해 바다와 맞닿아 있다. 이제부터 하기에서 태어난 요시다 쇼인의 삶으로 차근차근 걸어 들어가 보자.

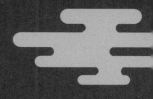

2

요시다 쇼인의 생애
'뜨겁게 불타오른 29년'

뜨겁게 불타오른 29년
요시다 쇼인의 사상

뜨겁게 불타오른 29년

1830년 8월 4일, 1세

270여 년 간 일본을 통치해 온 에도막부의 시대가 서서히 저물어가던 1830년, 조슈번의 수도인 하기(萩)에 살던 최하급무사[1] 스기 유리노스케(杉百合之助)는 요시다 노리가타(吉田矩方)이라는 아들을 얻었다.[2] 3남 4녀 중 둘째아들로서, 아명은 도라노스케(虎之助)였고[3] 청소년 시절에는 주로 토라지로(寅次郎)라는 이름으로 불렸다. 이 아이는 오늘날 요시다 쇼인이라고 불리는 인물로 성장하게 된다.

이름 종류	내용	쇼인의 이름
휘(諱)	본명	노리가타(吉田矩方)
아명(兒名)	어릴 때 부르는 이름	도라노스케(虎之助)
자(字)	성인 때 이름	기케이(義卿)
별명	-	토라지로(寅次郎)
호(號)	본명 이외에 따로 지은 이름	쇼인(松陰)

---

1. 아시가루(足輕) : 에도막부 시대에는 출신가문과 재산규모 등에 따라 사무라이의 등급이 나눠졌다. 하급 사무라이 중에서도 평소에는 농사를 짓다가 위급한 상황이 되었을 때는 병졸이 되는 최하급 사무라이를 '아시가루'라고 불렀다.

2. 부 : 스기 유리노스케 츠네미치(杉百合之助常道), 모 : 코다마 타키(兒玉滝)

3. 장남 우메타로(梅太郎), 차남 다이지로(大次郎), 장녀 치요(千代), 차녀 코토부키(寿), 삼녀 츠야(艶), 사녀 후미(文), 삼남 빈사부로(敏三郎)

1834년, 5세

일본에서는 가업을 이어받는 것이 전통적인 관례인데, 가업을 이어받는 후계자가 굳이 자식이 아니더라도 상관없었다. 가업을 잇지 못하는 것이야말로 가장 명예롭지 못한 것으로 여겨지기도 했는데, 특히 사무라이가 자식(아들)이 없어 가업을 잇지 못하면 가문의 이름이 없어지고 녹봉이 몰수되는 경우도 있었다.

스기 유리노스케에게는 요시다 다이스케와 타마키 분노신(玉木文之進)이라는 두 명의 동생이 있었다. 조슈번의 공립학교인 명륜관에서 병학(兵學)을 가르치는 다이스케는 가업을 이어갈 후계자가 없어 곤란한 상황에 처해있었다. 결국 형의 둘째아들인 쇼인을 양자로 삼고 훗날 병학사범(兵學師範) 직책을 물려주기로 결정했다.

일종의 군사학으로 볼 수 있는 병학은 병영국가 에도막부의 중요한 사상적 배경이기도 했다. 창시자, 지역 등에 따라 여러 종류가 있었는데, 다이스케는 주로 야마가류 병학[4]을 가르쳤다. 그는 사무라이들이 탁상공론을 일삼으며 무기력하게 생활하는 모습을 신랄하게 비판하기도 하며, 언젠가 조슈번이 에도막부에 대항하기 위해선 훌륭한 인재를 많이 길러야한다고 주장하며 열정적으로 학생들을 가르쳤다.

---

4. 야마가류(山鹿流) 병학 : 에도 시대 초기의 유학자·병법가인 야마가 소코(山鹿素行, 1622~1685)의 병법. 도학과 학문을 비롯해 병법·무예·수련·무사도 정신을 통합해 전인적인 인간상을 추구하는 병학이다. 소코는 무기나 진법 뿐만 아니라 무사들의 내면수양도 강조했다. 특히 세상에 실제로 도움이 되는 학문을 해야 한다고 강조했다. 그가 강조한 무사도정신과 품행을 기반으로 한 학문수양은 요시다 쇼인에게 큰 영향을 미쳤다.

1835~1849년, 6~20세

1835년 갑자기 중병에 걸린 요시다 다이스케는 회복하지 못하고 29세의 나이로 세상을 떠났다. 쇼인은 불과 6살의 어린 나이에 가업인 병학사범 직책을 물려받고 또 한 명의 작은 아버지였던 타마키 분노신이 후견인이 되어 쇼인을 기르게 됐다. 다이스케와 마찬가지로 야마가류 병학을 연구해 온 분노신은 이때 쇼카손주쿠(松下村塾)라는 사립학교를 세우고 학생들을 가르치고 있었다. 분노신은 여러 학생 중에서도 자신의 조카였던 쇼인을 특히 아꼈지만, 잘못을 저지르면 오히려 호되게 꾸짖는 등 그를 올곧게 성장시키기 위해 노력했다. 참고로 훗날 러일전쟁의 최대 격전인 뤼순공략전을 승리로 이끌고, 쇼와 천황—한반도 식민통치/태평양전쟁 당시의 천황—을 가르치고, 메이지천황이 죽자 뒤따라 자살한 것으로 유명한 일본군대장 노기 마레스케(乃木希典, 1849~1912)[5]도 이 시기에 쇼인과 같은 집에서 함께 생활했다.

---

5. 일본 곳곳에는 노기 마레스케의 충성심을 기리는 신사가 있다. 노기는 요시다 쇼인과 잠시 합숙했었고, 다카스키 신사쿠, 구사카 겐즈이, 이토 히로부미, 야마가타 아리토모 등 그의 제자들과 함께 성장했다. 특히 한반도와 그 주변에서 펼쳐졌던 청일전쟁, 러일전쟁의 야전지휘관으로서 '203고지 전투'를 승리로 이끌었다. "해군에는 도고, 육군에는 노기"라는 문구로도 유명하다. 이후 타이완 총독을 지냈으며 러일전쟁에서 승리한 뒤에는 쇼와 천황 등 황족의 교육을 담당했다. 메이지 천황의 장례식 날 자신의 부인과 함께 할복자살하며 충성심을 드러냈다. 본 사진은 도쿄 메이지 천황의 무덤 바로 앞에 있는 '노기 신사'다.

교토 노기신사   충혼비

한편, 당시 일본의 각 번에서는 교육을 중요시 여기며 번의 공립학교인 번교(蕃校)를 세우고 인재를 기르고 있었다. 주로 상류층 사무라이의 자제(12~15세 전후)들을 대상으로 학문과 무예를 가르치던 번교는 19세기 초 일본 전역에 걸쳐 약 250여 개가 있었을 만큼 일본 전역에서는 인재교육에 힘을 쏟고 있었다. 수많은 번 중에서도 인재양성을 위해 특별히 많은 투자를 해왔던 조슈번은 1719년 하기에 설립한 명륜관(明倫館)을 1849년에 2,730평(건물면적) 규모로 재건축했다. 명륜관에서는 유교경전, 일본의 역사와 제도, 병학(군사학) 그리고 글쓰기 등을 가르치며 조슈번을 위해 헌신할 무사들을 길러냈다.

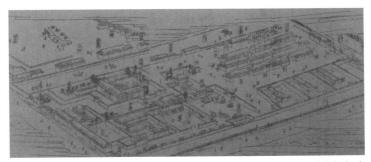

명륜관 옛모습

그런데 병학사범 쇼인은 아직 학생들을 가르치기에 너무 어린 6살 꼬마에 불과했다. 조슈번은 타마키 분노신 등이 그 직책을 대신해 학생들을 가르치게 하고, 쇼인은 공부를 계속하며 성장할 수 있도록 배려했다. 쇼인은 주위사람들의 도움을 받는 동

모리 다카치카
(毛利敬親, 1819~1871)

시에 스스로도 실력을 쌓기 위해 노력했다.

　명륜관에서 학생들을 가르치는 사범들은 조슈번의 영주인 모리 다카치카(毛利敬親, 1819~1871)[6]와 번의 관료들을 대상으로 종종 강의를 진행했다. 조슈번을 이끄는 사람들은 일종의 싱크탱크인 명륜관을 통해 자극을 받으며 실력을 쌓아가려 했던 것이다.

　1840년 11살이 된 쇼인은 야마가류 병학에서 교범으로 사용한 『무교전서(武敎全書)』를 똑 부러지게 강의하며 모리 번주와 관료들을 크게 놀라게 했고, 쇼인이 지내던 마을의 이름인 '마츠모토(松本)'에서 천재가 나타났다는 말이 나올 만큼 탁월한 재능을 칭찬받았다.

　1845년 15살 때 『손자병법』의 허실편 등을 강의하며 또다시 모리 번주와 관료들을 감동시켰고, 번주는 쇼인을 더욱 훌륭한 인물로 키우기 위해 후견인을 몇 명 더 지정하고 쇼인의 학업을 돕는 데 갖가지 지원을 아끼지 않았다. 쇼인은 번 사람들의 기대

6.　모리 다카치카(毛利敬親, 1819~1871) : 조슈번의 제13대 번주(모리 가문 제25대 당주). 에도막부시대가 저물어갈 무렵 능력있는 신하들을 등용하고 젊은 무사들의 잠재력을 키워주기 위해 힘썼다. 조슈번 출신 인물들이 메이지 유신을 이끄는 데 있어 발판을 마련했다는 평가를 받고 있다.

　　　　2장. 요시다 쇼인의 생애 '뜨겁게 불타오른 29년'

명륜관 터

쇼인이 강의한 건물터

를 한 몸에 받으며, 조슈번의 미래를 짊어질 걸출한 병학자로 커나갔다.

한편, 모리 번주와 후견인들 이외에도 조슈번의 다양한 사람들이 쇼인에게 도움을 주었다. 일본의 수도인 에도(도쿄)에서 정보를 수집하고 하기로 돌아온 야마다 사카이우에몬(山田宇右衛門. 1813~1867)은 네덜란드어를 일본어로 번역한 세계지리 책을 쇼인에게 보여주었다. 동양으로 세력을 뻗고 있던 서양의 강대한 세력들의 모습을 포함해 세계정세에 대해 상세하게 알려주며, 쇼인의 시야를 넓혀주었다. 특히 '지식을 넓히고 눈을 높이 띄워서 일본을 어깨에 짊어지겠다'라는 마음으로 공부하라며 격려하기도 했다.

세계지리 책

야마다 마타스케(山田亦介, 1809~1865)라는 사무라이는 세상을

41

떠난 쇼인의 양아버지(다이스케)와 생전에 친분이 깊었다. 그는 쇼인에게 나가누마류 병학[7]을 가르치고 면허를 발급해 줬는데, 16살이 될 때까지 야마가류 병학을 집중적으로 공부하던 쇼인은 다른 종류의 병학을 접하게 되면서 시야가 한층 넓어졌다. 마타스케 역시 서양세력이 인도와 중국에 영향력을 뻗치고 이제는 일본까지 넘보고 있는 정세를 들려주며, '세상의 흐름을 읽고 일본을 위해 훌륭한 역할을 하는 사람이 되어 달라'며 쇼인에게 사명감을 불어넣었다.

한편 쇼인은 야마가류 병학자인 하야시 마사토(林真人, ?~?)의 집에 머물며 함께 생활하기도 했는데, 그는 쇼인에게 야마가류 병학자의 면허를 발급해 주었다. 또한 조슈번이 대대로 천황에게 충성을 바쳐온 역사를 배울 수 있었다. 앞서 언급한 것처럼, 조선 정벌에 실패한 도요토미 히데요시가 죽은 뒤 일본을 평정한 도쿠가와 이에야스는 히데요시의 부하였던 모리 데루모토의 영지를 4분의 1이나 줄이고 조슈 지역으로 쫓아냈다. 에도막부에 반감을 가질 수밖에 없었는데, 막부의 지배를 받으면서도 매년 정월과 천황의 생일에 맞춰 은을 바치고, 천황즉위식에 필요한 비용을 보태는 등 천황에게 충성을 바치며 언젠가 자신들의 세상을 만들기 위해 실력을 쌓아왔다. 이렇게 에도막부와 조슈번의 역사를 배운 쇼인은 언젠가 천황을 위해 힘써야겠다고 생각하게 됐고, 다양한 책을 접하게 되며 견문을 넓히게 됐다.

───────

7. 나가누마류 병학(長沼流兵学) : 궁, 창, 화승총을 기초로 하는 군사학

조슈번에는 무라타 세이후(村田淸風, 1783~1855)라는 인물이 있었다. 젊은 시절 실력을 인정받고 등용된 그는 조슈번의 산업을 육성하고 빚을 정리하는 등 번의 재정을 탄탄히 다지는 데 크게 기여했다. 나아가 서양식군대를 갖춰 외부세력의 침략에 대비하려 했고, 인재양성에도 힘썼다. 1843년 4월 하기에서 무사 1만여 명을 소집해 훈련을 지휘했는데, 이때 14살 소년이었던 쇼인은 병학사범으로서 훈련에 함께 했고, 세이후를 통해 서양식 전투진법과 포술 등을 짧게나마 경험하며 국방의 중요성을 다시금 인식했다.

세이후는 병에 걸려 왼손을 쓰지 못하게 되면서 정치 일선에서 물러났지만 일본의 미래를 걱정하며 자신을 찾아온 젊은이들에게 경험과 지식을 전해주며 후학양성에 힘썼다. (쇼인도 규슈지역으로 탐방을 떠나기에 앞서 그를 찾아가 조언을 구한다.)

쇼인은 이렇게 조슈번의 적극적인 지원과 다양한 사람들의 가르침을 통해 균형감을 가진 인재로 성장했다. 1848년 19세가 되어 병학사범 직책을 대신해 온 후견인들에게서 독립하고 정식으로 조슈번 명륜관의 병학사범으로 임명되었다.

뜨거운 학구열을 바탕으로 공부를 계속하며, 제자들과 함께 무기배치, 행군, 전술 등을 훈련하는 한편, 조슈번의 지시를 받고 하기에서 시모노세키까지의 해안을 답사하며 군사대비태세를 점검했다. 그리고 『회포기략(廻浦紀略)』[8]과 『수륙전략(水陸戰略)』[9]이라는 글을 통해 조슈번이 군사대비태세를 서둘러 갖춰야 한다는 의견을 제시하기도 했다. 명륜관을 재건축하는 과정에 대한 의견(明倫館御再建控)을 건의하기도 하는 등 조슈번에서 점점 중요한 역할을 맡아나가게 됐지만, 산과 바다로 둘러싸인 조그만 도시였던 하기에서는 도저히 채워지지 않는 갈증을 느끼게 됐고, 더 넓은 세상을 향한 열망을 불태우게 됐다.

1850년, 21세

조슈번주의 총애를 받아 온 쇼인은 번을 떠나 규슈지역을 탐방할 수 있는 기회를 부여받았다. 규슈로 떠나기에 앞서 무라타 세이후에게 조언을 구하러 갔고, 세이후는 청년 병학자의 방문을 두 팔 벌려 환영했다. 하기는 산으로 둘러싸여 있고 땅도 좁아 '우물 안 개구리'는 물론, 고집불통이 될 수도 있기 때문에 다른 지역을 찾아가 학식이 높은 사람들을 만나며 견문을 넓혀야 한다고 강조했다. 특히 규슈지역에서 꼭 찾아가야 하는 지역과 사람들을 짚어주었다. 강력한 쇄국정책을 고집하던 에도막부시대에 유일하게 외국(네덜란드)에 개방된 도시였던 나가사키(長崎)에서 해외문물을 접하며 세계정세를 파악하고, 히라도(平戶)에서는 유

---

8. 『회포기략(廻浦紀略)』: 조슈번의 북쪽해안 즉, 하기에서 시모노세키까지의 해안을 답사하며 해안선, 지형, 마을, 방비실태 등을 상세히 담은 일기

9. 『수륙전략(水陸戰略)』: 외국의 공격을 받았을 때 조슈번의 해안전투 방안에 대한 의견서

학과 서양병학을 연구하는 하야마 사나이(葉山左內, 1976?~1864)와
야마가류 병학의 종가를 이끄는 야마가 만스케(山鹿万助, 1819~
1856) 등을 찾아가 배우라고 했다. 그리고 여행 중에 보고 듣고 느
끼는 것을 빠짐없이 적으라는 등 세부적인 부분까지 꼼꼼하게 조언
하며, 일본을 위하는 인물로 성장해 주길 부탁했다.

'탁상공론이 아니라 진정 살아있는 학문을 위해선 먼저 세상
을 알아야겠다.'고 생각하던 쇼인은, 8월 25일 하기를 떠났고 시
모노세키, 나가사키를 거쳐 히라도에 도착했다.[10]

요시다 쇼인
규슈지역 탐방도

---

10. 이 시기에 즈음해 이름을 다이지로에서 토라지로라고 개명했다. 이 책에서는 계속해
서 '쇼인'이라고 칭한다.

히라도는 8세기경 중국의 당나라에서 선진기술과 불교 경전 등을 수입하고, 포르투갈, 네덜란드, 영국 등 서양국가의 배를 통해 외국문물을 받아들이던 항구도시였다. 일본에 크리스트교를 처음으로 전파한 성 프란시스 자비에르(St. Francis Xavier, 1506~1552)도 1549년 히라도를 통해 일본에 오기도 했다.[11] 1637년 에도막부의 쇄국령으로 인해 모든 무역 통로가 나가사키로 합쳐지면서 한적한 도시로 전락하고 말았지만, 바다를 접하고 있는 지리적인 이점과 역사적인 배경 덕분에 다른 지역에 비하면 해외 사정을 쉽게 접할 수 있는 곳이었다. 그리고 히라도 번주가 학문과 무예에 관심이 많고 관련된 정책도 적극적으로 추진해서 많은 학자가 모여들기도 했다.

해안가의 카미야(紙屋) 여관에 짐을 푼 쇼인은 무라타 세이후의 소개장을 들고 하야마 사나이를 찾아갔다. 사나이는 에도막부 시대의 대표적인 유학자였던 사토 잇사이(佐藤一齋, 1772~1859)[12]의 제자로서 양명학을 공부하는 선비이자 야마가류 병학자였다. 사나이가 세운 개인학교를 오가며 강의를 듣고 일본을 둘러싼 정세에 대해서도 논의했다. 쇼인은 "진정으로 아는 것은 그것을 실

---

11. 1549년 일본에 처음 전파된 크리스트교는 도요토미 히데요시, 에도 막부 등에 의해 탄압을 받았고 세력을 크게 넓히지 못했다.

12. 사토 잇사이(佐藤一齋, 1772~1859) : 에도시대 후기의 대표적인 유학자. 쇼군과 다이묘들을 상대로 정치적 조언과 강의를 했다. 특히 주자학과 양명학의 사상을 절충했다. 특히 사람을 다스리기 위해선 먼저 자기 자신을 다스려야 한다는 수기치인(修己治人)을 중시했다. 이런 사상은 에도막부 후기의 무사들에게 많은 영향을 주었다. 일각에서는 그를 일러 '낮에는 주자학, 밤에는 양명학'이라며 비판하기도 했다.

행하는 데 있다"라는 양명학의 지행합일(知行合一)에 공감하고 영향을 받아 훗날 자신의 제자들에게도 '학문을 통해 사회에 도움이 되어야 한다', '배운 것을 행동으로 옮겨야 한다'라고 주장하게 된다.

하야마 사나이는 나이에 비해 월등한 학식과 뛰어난 문장력을 지닌 쇼인에게 감탄했고, 쇼인은 뛰어난 재능을 갖고도 출세를 탐내지 않고 사소한 질문에도 친절하게 대답해 주는 사나이의 인품을 존경했다.

히라도는 17세기에 야마가류 병학을 창시한 야마가 쇼코가 에도에 있던 공부방(積德堂)을 옮겨와 후손들이 대대로 학통을 이어온 곳이기도 했다. 즉, 야마가류 병학의 근원지라고 볼 수 있다. 쇼인은 하기의 특산품인 도자기 찻잔을 선물로 들고, 히라도

시내의 서북쪽 언덕에 있는 '원조' 야마가 만스케의 집을 찾아갔다. 어려서부터 야마가류 병학사범으로써 공부하고 가르치며 쌓은 경험과 궁금한 점을 스스럼없이 이야기하며 자신의 병학을 다듬을 수 있었다.

히라도에서 쇼인이 묵었던 숙박지

당시는 인쇄술이 발달하지 않고, 붓으로 옮겨 적은 필사본도 구하기 어려운 시기였지만, 히라

도의 학자들은 많은 책을 소장하고 있었다. 쇼인은 히라도에 머무는 동안 그들에게 수십 권의 책을 빌려 읽으며 중요부분을 옮겨 적고 토의하기도 했다. 왕양명의 제자들이 편집한『전습록(傳習錄)』과 아이자와 세이시사이(會澤正志齋, 1782~1863)[13]의『신론』을 비롯해 일본역사, 세계역사, 지리, 병학에 관한 책과 증기군함과 대포 등 서양의 군사기술과 전술을 다룬 책도 읽었다. 그중에서도 '일본은 신이 세웠기 때문에 신성한 나라다'라는 건국신화와 '일본의 국체를 바로 세워야만 한다'라는『신론』은 훗날 쇼인이 '존왕양이'를 주장하고 그의 제자들이 메이지 유신을 완성하는 데 있어 결정적인 영향을 미치게 된다. 쇼인은 히라도에서의 경험을 통해 외국에 앞서기 위해선 먼저 그들을 잘 아는 것이 중요하다고 생각하게 됐다.

　나가사키(長崎)는 강력한 쇄국정책으로 외국과의 교류를 철저히 통제하던 에도막부시대에 유일하게 개방된 항구도시였다. 물론 중국과 네덜란드의 배만 들어올 수 있었지만 상당히 많은 문물과 정보가 유입되어 일본 사회에 직간접적인 영향을 미쳤다. 나가사키의 화려한 거리와 진귀한 문물들은 청년병학자 쇼인의 눈을 홀리기에 충분했다. 서양포술을 연구하는 타카시마 아사고로(高島浅五郎, 1821~1864)를 통해 포술을 접하는 한편, 항구에 있는 중국과 네덜란드의 배에 올라 대포 등을 견학하며, 일본도 서

---

13. 아이자와 세이시사이(會澤正志齋, 1782~1863) : 후기 미토학과 존왕양이론을 완성한 사상가.

　　　　　2장. 요시다 쇼인의 생애 '뜨겁게 불타오른 29년'

양식 무기를 가져야 한다는 생각을 하기도 했다. (배 위에서 처음으로 서양식 과자를 먹고 놀랐다는 일화가 전해지기도 한다.)

다양한 사람을 만나고 문물을 접하며 견문을 넓히던 쇼인은 구마모토(熊本)로 이동했다. 일본의 3대 성 중 하나로 불리는 구마모토성[14]은 도요토미 히데요시의 측근이었던 가토 기요마사(加藤清正, 1562~1611)[15]가 쌓았던 성이다. 구마모토성의 위용에 감탄한 쇼인은 야마가류 병학자 미야베 테조(宮部鼎蔵, 1821~1864)를 찾아갔다. 며칠 안 되는 짧은 시간을 테조와 보냈지만, 친절하고 정직한 테조와 형제이상으로 깊은 교감을 나누며 인연을 맺게 됐다. (훗날 함께 동북지역을 탐방하며 둘도 없는 인연으로 발전하게 된다.)

쇼인은 유학자이며 과학자인 호아시 반리(帆足萬里, 1778~1852)[16]를 우연히 만나 '엄격한 신분제도를 없애야 한다.'는 사민평등론과 '일본의 미래를 위해서는 대학을 설립하고, 서양식 함선을 만들어 국방력을 높이고, 외국과의 무역을 확대해야 한

---

14. 오사카 성(城), 나고야 성(城)과 함께 일본의 3대 성(城)으로 손꼽힌다. 2016년 4월 중순에 일어난 대지진으로 인해 부분 파손되었다.

15. 가토 기요마사(加藤清正, 1562~1611) : 도요토미 히데요시와는 6촌 관계로 어릴 때부터 히데요시를 보좌하며 많은 전투에서 승리했다. 임진왜란 당시 조선을 침략해 함경도 방면으로 진출하고, 조선왕자 임해군과 순화군을 포로로 잡았다. 그러나 히데요시가 죽은 뒤에는 도쿠가와 이에야스 편에 서서 세키가하라 전투(關ヶ原戰鬪)의 승리에 기여했다.

16. 호아시 반리(帆足萬里, 1778~1852) : 에도막부 말기 일본의 과학사발전에 기여한 유학자. 네덜란드어를 독학으로 익히고 서양의 근대과학기술과 국제정세 등을 공부했다. 유학 말고도 국학, 자연과학, 의학, 난학(蘭學) 등 다양한 분야에서 학문적 성과를 쌓았다. 저서로는 『동잠부론(東潛夫論)』 등이 있다.

다.'는 주장에 자극 받기도 했다.

약 4개월 동안 규슈지역을 여행하며 이야기를 나누고 토론한 학자는 30여 명에 달했만, 쇼인은 여전히 갈증을 느끼며 12월 29일 하기로 돌아왔다. 규슈탐방의 경험을 『서유일기(西遊日記)』로 엮으며 새해를 맞이한 쇼인은 더 넓은 세상으로 나아가고 싶다는 꿈을 키우고 있었다.

요시다 쇼인 일본 탐방도
(약 13,000km)

2장. 요시다 쇼인의 생애 '뜨겁게 불타오른 29년'

1851~1852년, 22~23세

대대로 일본 정치·경제의 중심지는 교토와 오사카였다. 원래 변방의 작은 도시였던 에도(지금의 도쿄)는 도쿠가와 이에야스가 일본을 통일한 이후부터 발전하기 시작했다. 각 지역의 번을 통제하기 위해 실시된 강력한 통제정책인 산킨고타이제도(참근교대제도) 등으로 인해 에도에는 전국각지에서 다양한 사람들이 모여들었다. 그리고 다양한 정보와 문물이 전국으로 퍼지는 허브로 발전했다. (막부를 향한 반란을 막기 위해 실시한 강력한 통제정책이 되레 전국적인 교통망과 통신망을 갖추고 빠르게 근대화를 이뤄내는 데 기여했다고 해도 과언이 아니다.)

에도에 모인 학자와 사무라이들은 개인학교를 설립하고 학생들을 모아 자신의 지식과 무술을 가르치기도 했는데, 각 번에서는 두각을 나타내는 청년 사무라이들을 에도로 보내 유학시키기도 했다. 에도에서 유학하는 각 번의 사무라이들은 막부와 다른 번의 정보를 수집하고 전달하며 일종의 정보원 역할도 동시에 수행했다.

어려서부터 조슈번의 모리 번주에게 큰 신뢰를 받아온 쇼인은 에도 유학을 손쉽게 허가받을 수 있었다. 마침 막부의 통제에 따라 에도에 가서 일정 기간을 머물러야 하는 모리 번주의 행렬을 따라 3월 5일 하기를 떠났다. 에도로 가던 중에 구스노키 마사시게(楠木正成, ?~1336)[17]의 묘비를 참배하기도 했다. 마사시게는 1336년 천황에게 충성을 바치며 자결한 전설적인 사무라이였다. 쇼인은 도쿠가와 미쓰쿠니(徳川光圀, 1628~1701)[18]가 마사시게를 추모하며 쓴 비석—"아, 충성스러운 신하 구스노키의 묘!(嗚呼忠臣楠子之墓)"—을 바라보며, 명예와 이익만 쫓는 사람이 되지 않고 마사시게와 같은 신념으로 천황을 모시고, 일본을 위해 힘쓰겠다는 뜻을 깊이 품었다.

도쿄 황궁 앞 구스노키 마사시게 동상

17. 구스노키 마사시게(楠木正成, ?~1336) : 일본의 전설적인 사무라이이다. 1333년 가마쿠라 막부를 멸망시키고 천황에게 절대 충성했다. 1336년 미나토 강(湊川, 현재의 고베시 부근)에서 무로마치 막부를 상대로 한 전투에서 패배하며, 칠생보국(七生報國, 일곱 번 태어나도 천황을 지키고 국가에 보답하겠다)을 맹세한 뒤 동생과 서로를 찔러 자결했다고 전해진다. 오늘날 일본의 천황이 기거하는 도쿄의 황궁(고쿄) 앞에 그의 동상이 있다.

18. 도쿠가와 미쓰쿠니(徳川光圀, 1628년~1701) : 2대 미토 번주. 유학과 역사학에 조예가 깊었고 『대일본사(大日本史)』를 편찬을 시작했다. 미토 번에서는 국수주의적 색채가 진한 미토학(水戸學)이 발전했다.

2장. 요시다 쇼인의 생애 '뜨겁게 불타오른 29년'

일행은 하기를 떠난 지 30여 일이 지나서야 에도에 도착했다. 처음으로 에도에 발을 디디게 된 쇼인은 병학, 역사, 유학, 양학 등 각 분야의 뛰어난 학자들을 많이 만날 수 있을 거라고 기대했다. 하지만 하기에서 동경했던 것과 달리 많은 이들이 학문을 돈벌이수단 쯤으로 여기는 현실에 크게 실망하게 됐다.

배움을 갈구하던 쇼인은 에도막부의 관영학교에서 성리학을 가르치던 아사카 곤사이(安積艮斎, 1791~1861), 야마가류 병학의 종가인 야마가 소스이(山鹿素水, ?~1857)의 개인학교에 찾아가 유학과 병학 등을 공부했다. 그러나 서양의 학문을 배척하고 기존의 이론에만 머물러 있는 두 사람에게 점차 불만을 갖게 되었다. 쇼인은 학문 자체에 매몰되지 않고 서양세력의 위협에 놓인 일본을 구해내고 싶었던 것이다. 그러는 중에 구마모토에서 만나 우정을 나눴던 미야베 테조를 만나게 됐다. 테조도 쇼인과 마찬가지로 번의 정책에 따라 에도로 유학을 온 것이다. 나랏일을 걱정하던 둘은 함께 에도만 입구의 사가미(현재 요코하마 시 인근), 카즈사(현재 치바현 인근) 지역을 10여 일간 답사하며 국방의 요충지를 둘러보았다.

답사를 마치고 돌아온 쇼인에게 조슈번 출신의 학자인 타가미 우헤이타(田上宇平太, 1817~1869)[19]가 '에도에서 가장 뛰어난 학

---

19. 타가미 우헤이타(田上宇平太, 1817~1869) : 조슈번의 난학자, 포술가. 훗날 쇼인의 애제자가 되는 타카스기 신사쿠의 숙부

자라고 존경받는 사쿠마 쇼잔(佐久間象山, 1811~1864)[20]을 찾아가 보라'고 제안했다. 한치의 망설임 없이 쇼잔을 찾아가니 과연 병학과 세계정세에 밝고 학식도 깊어 많은 이들에게서 존경받는 이유를 알 수 있었다. 40살의 학자에게 탄복한 쇼인은 곧바로 그의 학교에 들어가 배움을 구하게 됐다.

사쿠마 쇼잔(요시다 쇼인의 스승)

쇼잔을 통해 일본의 내외부 사정에 대해 더욱 많이 알게 되었지만, 쇼인의 갈증은 쉽게 해소되지 않았다. 쇼인은 미야베 테조와 예로부터 천황에 충성을 바쳐온 번들이 있는 동북지방을 탐방하며, 일본의 영토를 노리고 북쪽에서 다가오는 러시아에 대한 방비책도 확인하자는데 뜻을 같이했다.

당시 에도막부는 지방의 번들이 서로 세력을 모아 막부에 대항하는 일이 생기지 않도록, 막부의 허가증 없이 자신이 속한 번을 벗어나는 행위를 엄격하게 금지하고 있었다. 즉, 막부에서 발급한 여행허가증과 통행보증서

---

20. 사쿠마 쇼잔(佐久間象山, 1811~1864) : 에도 말기 정치가이자 학자. 어린시절 수학을 좋아해 공부했고, 유학의 제일인자였던 사토 잇사이에게 주자학을 배웠다. 병학을 공부하며 펴낸 '해안 방비 8책'이 높은 평가를 받았다. 요시다 쇼인을 비롯해 수많은 젊은 이, 특히 훗날 메이지 유신의 주역이 되는 사카모토 료마와 이토 히로부미 등도 영향을 받았다. 쇼잔을 만나게 된 것은 쇼인의 인생에서 가장 핵심적인 순간으로 여겨진다.

(通行手形, 230여 개 번에서 인정되는 일종의 여권)가 있어야만 다른 번으로 이동할 수 있었던 것이다. 쇼인은 조슈번에 여행허가증 발급을 신청했지만, 번의 내부갈등으로 인해 발급이 계속해서 미뤄졌다. 가슴 속에 불꽃이 타오르던 쇼인은 더 이상 기다리지 못하고 허가증도 나오지 않은 상태에서 에도를 벗어나 미토번(水戸藩, 현재의 이바라키 현)으로 갔다.[21]

동북지방 여행 경로

---

21. 주로 토라지로라고 불리웠는데, 이즈음부터 쇼인(松陰)이라는 호를 쓰기 시작했다. '소나무 그늘'이라는 의미는 고향(松本)에 대한 그리움과 애착을 나타낸다.

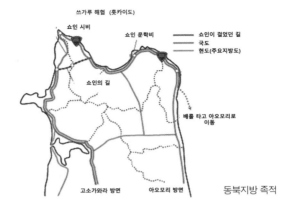

    미토번은 일본 내에서도 천황에 대한 충성심이 특히 강하고 존왕(尊王)의 기풍이 일본에서 가장 뿌리 깊은 지역으로도 유명했다. (앞서 쇼인이 에도로 이동하는 과정에서 잠시 언급했던) 제2대 미토번주 도쿠가와 미쓰쿠니는 천황의 이야기를 『대일본사(大日本史)』[22]라는 서적으로 편찬하기 시작했는데, 그 작업은 250여 년이나 이어졌다. 이러한 미토번의 노력은 미토학(水戸學)[23]이라는 국

---

22. 대일본사(일본어: 大日本史) : 미토번에서 1657년부터 1906년까지 약 250년에 걸쳐 편찬된 서적. 제 1대 진무 천황(神武天皇)부터 제 100대 고코마쓰 천황(後小松天皇)까지의 이야기가 기전체로 쓰여졌다. 총 402권(본기 73권, 열전 170권, 지(志)·표(表) 154권, 목록 5권)으로 구성되어 있다.

23. 미토학(水戸學) : 미토번에서 파생된 일본의 유학 사상으로 국가사상의 고취가 주된 목적임. 주자학을 바탕으로 한 전기 미토학, 국학(國學)의 영향을 받아 존왕사상을 바탕으로 한 후기 미토학이 있다. 일본의 뿌리를 '국체(國體)'로 개념화하고 존왕양이를 국가사상체계로 정리한 아이자와 야스시의 〈신론〉은 메이지 유신 이후 국민정신의 원형이 됐다. 미토학을 발전적으로 수용한 요시다 쇼인 등 존왕양이를 주장한 지사들을 통해 메이지 유신 지도자들에게 이어졌다.

수주의적 학문으로 체계화되었고, 에도막부 말기의 존왕양이 운동에 핵심적인 사상으로 여겨졌다.

도쿠가와 미쓰쿠니(일본어: 德川光圀, 1628~1701)

당시 미토 번에는 『신론(新論)』의 저자인 아이자와 세이시사이(会沢正志斎, 1782~1863)가 있었다. 『신론』을 읽지 않고는 일본에 대해 이야기할 자격이 없다는 말까지 있을 정도였다. 1825년에 저술된 『신론』은 존왕양이를 논리적으로 정리하고, '국체(國體)'라는 개념을 통해 일본인의 정신적 지향점을 천황으로 모으고자 했다. 쇼인은 1년 전 규슈탐방 중에 읽고 감명 받았던 『신론』의 저자를 직접 만나게 된 것이다. 71세의 노학자는 열정 넘치는 청년 쇼인에게 일본의 건국유래가 담긴 『고사기(古事記)』[24]와 『일본서기(日本書紀)』[25]를 연구했는지 물어보았다. 하지만 쇼인은 두 책 모두 읽어본 적이 없었고 부끄러워 고개를 들지 못했다. 세이시사이는 일본의

---

24. 『고사기(古事記)』: 일본에서 가장 오래된 역사서로 여겨지며, 712년에 완성됐다. 주로 천황가의 계보와 건국신화 등이 담겨있다. 일본 신도(神道)의 경전으로도 여겨지며, 오늘날까지도 문화·정신 등에 많은 영향을 주고 있다.

25. 『일본서기(日本書紀)』: 일본 최초의 관편 역사서로 여겨지며, 720년에 완성됐다. 신화시대부터 697년까지 천황을 중심으로한 고대사가 총 30권에 정리되어 있다. '야마토(大和) 정권이 4세기 중반부터 6세기 중반까지 한반도 남부를 지배했다는 주장, 이른바 임나일본부설이 담겨있기도 하다.

참모습을 알기 위해선 반드시 두 책을 모두 읽어야 한다고 강조했다.

미토학의 대가로써 『대일본사』 편찬에도 크게 기여한 도요타 텐코(豊田天功, 1805~1864)도 쇼인에게 '역사를 공부해야 한다.'고 조언했다. 쇼인은 미토학자들과의 만남을 통해 '미토학에 일본의 길이 있고, 일본의 미래를 위해서는 국체를 제대로 세우는 것이 가장 중요하다.'고 생각하게 됐다. 그리고 틈틈이 짬을 내어 미토번의 기초를 다진 2대 번주 도쿠가와 미쓰쿠니의 별장을 견학하고, 가시마 신궁(鹿島神宮)²⁶도 참배하며 일본의 역사를 되짚는 시간도 가졌다.

1년 전 규슈를 탐방하며 조슈번보다 넓은 세상이 있다는 사실에 눈을 뜬 쇼인은 미토번을 방문하게 되면서 일본의 역사에 집중하게 됐고, 본인의 사상을 구체화하는 데 도움받게 됐다.

미토에서 20여 일을 보내고 아이즈 와카마쓰(会津若松, 후쿠시마 현 서부의 중심 도시)로 이동해 이부카 시게마츠(井深茂松)²⁷라는 무사를 만나기도 하고, 아이즈번의 공립학교인 일신관(日新館)을 견학했다. 일신관은 하기의 명륜관과 교육방침 등이 비슷해 잠시 고향을 떠올리는 시간을 갖기도 했다.

한겨울의 강한 추위를 견디며 도착한 니가타(新潟) 바다의 건

---

26. 가시마 신궁(鹿島神宮) : 기원전 660년 창건된 것으로 전해지는 간토지역 최대의 신사. 일본건국의 신으로 황실과 막부가 깊이 숭배해온 '타케미카즈치마노카미(武甕槌神)'를 숭배한다.

27. 훗날 전자제품 기업 SONY의 창업자 이부카 마사루(井深大) 가문

너편에는 사도(佐渡)[28] 섬이 있었다. 에도막부의 재정적 기반을 마련해 주는 일본 최대의 금광이 있는 중요한 섬을 그냥 지나칠 순 없었다. 악천후로 인해 10여 일을 기다린 뒤 날씨가 잠잠해진 2월 말, 배를 타고 사도의 오기(小木)항으로 갔다. 그 옛날 가마쿠라 막부를 타도하려했던 준토쿠 천황(順德天皇, 1197~1242)[29]의 묘지를 참배했는데, 천황의 묘지라고 하기엔 너무나 허름하고 누추한 모습에 슬퍼하며 천황을 소홀히 여기는 에도 막부에 대해 분노하기도 했다.

사도 섬의 아이카와(相川)라는 마을에는 일본 최대의 금광이 있었다.[30] 쇼인은 에도에서 만났던 한 사무라이가 써준 소개장을 갖고 있던 덕분에, 금광의 지하갱도를 구경할 수 있었다. 16세기에 발견된 금광은 연간 약 6천 관(약 22,500kg)[31]의 수입이 생길 만큼 중요한 곳이었고, 막부는 이곳을 직접 지배하며 통제했다. 그런데 갱도에서 금을 캐는 사람들은 대부분 죄를 짓고 유배되었거

---

28. 사도(佐渡) : 총면적 855㎢으로 일본에서 6번째로 큰 섬. 에도시대에 금광의 발견되어 에도막부의 경제적 요충지가 되었다.

29. 준토쿠 천황(順德天皇, 1197~1242) : 1210~1221년 재위한 제84대 일본 천황. 가마쿠라 막부를 타도 하기 위해 난을 일으켰지만 실패한 뒤, 교토에서 쫓겨나 사도섬에서 유배 중에 사망했다.

30. 오늘 날에도 사금을 채취를 체험할 수 있는 골드파크가 마련되어 관광객의 발길을 끌고 있다. 채취한 사금은 가져갈 수 있다고 한다. 사도 광산은 일제 강점기 조선인이 강제노역에 시달린 곳이기도 하다. 일본 니가타 현은 2018년 유네스코 세계문화유산 등재를 추진하고 있다.

31. 1관=3,75kg, 6,000관=22,500kg

나 연고 없이 떠돌던 방랑자들이었다. 밤낮없이 가혹한 노동으로 인해 병들어 죽는 사람이 많다는 것을 눈으로 보며, 수많은 이들의 고생으로 얻어진 금을 막부가 독점하는 현실을 강하게 비판했다.

사도에서 니가타로 돌아와 북쪽으로 향하던 길에 '쓰가루 해협(일본 본토와 홋카이도의 사이에 있는 바다)에 서너 척의 서양 선박이 출몰했다!'라는 소식을 듣게 됐고, 일본을 노리는 서양세력들에 대한 방비상태가 걱정되었다.

히로사키(弘前, 아오모리 현 서부도시)에서는 유학자 이토 우메켄(伊東梅軒)의 집에 잠시 머물며 군사 교육과 일본의 역사 등에 대해 이야기를 나누었다.[32] 혼슈 최북단의 고도마리(小泊)에서는 필리핀까지 가본 한 무역상의 집에 묵게 되었는데, 그가 해외에서 수집해온 정보와 경험들을 들으며 견문을 넓힐 수 있었다.

혼슈 끝인 타쓰비 곶(龍飛岬)에 다다른 쇼인과 테조는 해협 너머에 있는 홋카이도(北海道)를 바라봤다. 일본의 서쪽에서부터 산 넘고 물 건너 동북쪽 끝자락에 다다른 둘의 가슴에는 뜨거운 열정과 애국심이 흘러넘치고 있었다.

---

32. 해당 건물에는 1906년 유치원이 설립됐는데, 쇼인이 머물렀던 방은 '쇼인실(松陰室)'로 이름 지어졌다. 당시 우메켄의 아내와 딸이 먼 곳에서 온 손님들에 대한 궁금증을 참지 못하고 옆방에서 엿보다가 기대었던 문이 쓰러져서 우메켄이 크게 나무랐다는 일화가 있다. 오늘날 히로사키 시에서는 그 날을 기념해 매년 4월 18일 쇼인과 관련된 행사를 개최하고, 명사와 학생들을 '쇼인실'로 초청해 강연회를 연다. '쇼인실'은 1978년 2월 1일 시의 문화재로 지정되어 지금까지 보존되고 있다. 또한 쇼인의 사상을 공부하고 계승하는 모임도 활발하게 활동하고 있다.

히로사키 '쇼인실'

발걸음을 남쪽으로 돌려 에도를 향해 내려오면서는 아오모리(靑森), 이시노마키(石卷) 등을 지나 센다이(仙台)에 이르렀다. 센다이번의 공립학교이며 의학을 주로 가르치던 명륜양현당(明倫養賢堂)을 견학한 뒤, 요네자와(米沢), 닛코(日光), 아시카가(足利) 등을 거쳐 140여 일만에 에도에 도착했다. 한 치 앞도 보이지 않는 일본의 정세를 보다 예민하게 느끼기 위해 직접 행동한 두 청년의 고된 여정이었다. 쇼인은 이때의 경험을 『동북유일기(東北遊日記)』에 기록하며 동북지방 탐방을 정리했다.

그런데 여행허가증 없이 허가된 지역을 벗어난 죄는 결코 적지 않았다. 에도막부에 의해 근신형을 받은 쇼인은 1852년 5월 중순 조슈번으로 강제 이송됐다. 조슈번은 막부의 따가운 눈초리를 의식하며 쇼인의 병학사범/사무라이 신분을 박탈하고 봉록을 몰수하는 등 엄하게 처벌했다. 이때 쇼인의 아버지 스기 유리노스케는 평민신분으로 전락하고 낙심한 쇼인에게 '원대한 뜻을 갖고 한 여행인 만큼 언젠가 나라를 위해 쓰일 날이 올 것'이라며 위로해 줬다.

요시다 쇼인은 20대 초반의 3년 반 동안, 1만 3천 리에 걸쳐 일본 각지를 돌아다녔다. 각 지역의 풍습과 지형 등을 살피고, 다양한 학자들을 만나 함께 책 읽고 토론하며 시야를 확장시킬 수 있었다. 엄하게 처벌받을 것을 누구보다 잘 알면서도 '일본을 구해야 한다'라는 목표만 바라보고 움직인 쇼인의 도전정신과 용기 그리고 행동력은 실로 대단한 것이었고, 일본 곳곳으로 쇼인의 행적이 알려지기 시작했다.

1853년, 24세

1월 중순, 근신형으로 인해 집에만 머물던 쇼인에게 뜻밖의
소식이 전해졌다. "앞으로 10년간 자유로운 (국내)여행을 허락한
다." 아버지 유리노스케가 쇼인을 너그럽게 용서해 달라며 조슈
번에 올린 청원이 받아들여진 것이다. 모리 번주는 오래전부터
아끼고 신뢰해 온 쇼인을 자유로운 몸으로 풀어주는 등 이번에도
배려를 아끼지 않았다.

쇼인은 1월 말 곧바로 길을 떠났다. 히로시마, 오사카(大阪)
를 지나 야마토(大和)[33] 인근에서 지내던 유학자 모리타 셋사이(森
田節斎, 1811~1868)를 찾아갔다. 문장실력, 특히 한문 문장을 풀어
내는 능력이 뛰어나 유명했던 셋사이는 쇼인의 재능을 알아보았

---

33. 지금의 나라 현에 해당

다. 둘은 약 20여 일간 함께 오사카 주변을 돌아다니며 마음을 터놓고 친분을 쌓았다.

쇼인은 셋사이의 소개로 알게 된 열렬한 천황주의자 타니 산잔(谷三山, 1802~1868)도 찾아갔다. 산잔은 10살 때 이질에 걸려 귀머거리가 됐지만 독서에 힘쓰며 개인학교를 설립해 학생들을 가르치고 있었다. 학교에 모인 젊은이들은 '일본과 일본민족은 신성하다.'는 국수주의적인 주장에 감동하고 있었다. 쇼인은 산잔과 미토학을 주제로 이야기를 나누며 공감하고 본인의 일기에 대화 내용을 남겨놓았다.

5월 24일 에도에 도착한 뒤, 가마쿠라의 서천사(瑞泉寺)[34]를 찾아가 주지스님이자 외삼촌인 죽원스님(竹院和尚)을 만나며 '명성과 재물을 탐내지 말라' 등의 불교적 가르침을 듣기도 했다.

일본 역사의 흐름은 1853년을 기점으로 완전히 바뀌게 된다. 에도막부가 250년 넘게 일본을 통치하며 평화를 누리는 동안 세계정세는 크게 요동치고 있었다. 16세기 초반 식민지를 개척하며 번영했던 에스파냐와 포르투갈의 세력이 약화되고 네덜란드, 영국, 프랑스 등이 동양으로 진출하며 패권을 다투고 18세기 후

---

34. 서천사(瑞泉寺) : 즈이텐지라고 불리며 '꽃의 사찰', '단풍의 명소'로도 유명하다. 요시다 쇼인은 이후에도 몇 차례 다녀갔고 경내에는 쇼인을 기리는 비석도 세워져 있다.

서천사 쇼인비

반 독립을 이뤄낸 미국도 태평양을 건너 세력을 확장하려 했다. 식민지 개척은 산업혁명을 통해 대량생산 체계를 구축한 서구국가들의 공통된 전략이었다. 원료를 안정적으로 얻고 자국에서 생산한 공산품을 팔아 이익을 챙길 수 있는 시장이 필요했기 때문이다. 농경체제에 머물고 있던 나라들의 국경에 서양국가의 거대한 함선이 나타나는 것은 충격 그 자체였다.

1840년 중국의 청나라가 영국에 무기력하게 패배한 아편전쟁은 동양 각국에 서양에 대한 공포와 경계심을 불러일으켰다. 또한 중국을 '세상의 중심'으로 여겨왔던 동양의 질서와 세계관이 무너지는 전환점이었다. 일본에서는 1853년 북쪽 해안에서 러시아의 배가, 서쪽해안에서는 영국의 배가 무단으로 정박하는 사건이 연달아 벌어지게 되며 사회적으로 동요가 일기 시작했다. 특히 깨어있는 사무라이 일부는 군사적인 준비를 소홀히 하고, 정세에도 둔감하게 반응하는 에도막부를 비판했다.

일본 내부적으로는 200년 넘게 이어진 평화 아래 정치, 경제, 국방, 사회 등 국가의 기초를 이루는 분야에서 다양한 폐단이 나타나고 있었다. 상공업과 시장경제가 발달하며 상인들에게 부가 쏠리게 되고, 그들보다 높은 사회적 지위의 사무라이들은 되레 빈곤해져서 빚을 지며 경제적 빈곤층으로 전락하기도 하고, 딱히 일거리가 없어진 지배계층과 학자들은 사치와 향락에 빠져 부패하고 탁상공론을 일삼았다. 궁극적으로 에도막부의 지배체계가 근본부터 흔들리기 시작했고, 여기저기서 막부를 비판하는 목소리가 커지면서 일본 사회는 점점 더 혼란스러워졌다.

　평화의 가면을 쓴 위기가 이어지던 1853년 6월, 미국 동인도 함대 사령관인 페리(Matthew C, Perry, 1794~1858)[35] 제독이 최신예 군함 4척을 이끌고 에도만 입구인 우라가(浦賀, 현 요코스카 시)에 나타났다. 미국은 영국과 프랑스를 견제하고 청나라로 진출하기 위한 교두보이자 석탄, 식량, 물 등을 보충하기 위한 보급지로서 일본의 항구가 반드시 필요했다. 페리 제독은 항구를 개방하도록 강요하며 미국필모어 대통령(Millard Fillmore, 1800~1874)[36]의 서한을 전달하려 했지만 막부는 이를 받아들이지 않았다. 페리 제독은 유일하게 개방된 항구였던 나가사키에 가서 다시 연락하라는 에도막부를 향해 무력을 동원하겠다는 강경한 태도를 유지하며 함포 사격훈련을 병행했다. 13세기 여몽연합군의 침략시도 이후 처음으로 외세의 침략에 직면한 일본은 전쟁의 공포로 뒤덮였고, 아무런 대책도 없이 무기력하게 대처하는 막부를 향한 비난이 쌓여갔다.

　쇼인은 페리함대가 나타났다는 소식을 접하곤 깜짝 놀랐고,

---

35. 매튜 캘브레이드 페리(Matthew Calbraith Perry, 1794~1858) : 1837년에 미국 해군 최초의 증기선 풀턴호를 건조해 '증기선의 아버지'라고도 칭송받는다. 묘소는 그의 고향인 로드아일랜드 주 아일랜드 묘지에 있다.

36. 밀러드 필모어(Millard Fillmore, 1800~1874) : 1850~1953년 재위한 미국의 13번째 대통령.

상황을 직접 파악하고자 스승인 쇼잔과 함께 우라가로 걸음을 옮겼다. 바다에 떠 있는 시커먼 색깔의 미국 군함들은 실로 웅장했다. 일본에는 미국함정의 공격을 막을 수 있는 군사력이 없다는 사실에 한탄했다. 에도 앞바다를 마음대로 장악하고 해안을 측량하며 포사격훈련으로 위협하는 페리함대에 분노하는 가운데 원통한 마음을 참기 힘들었다. 전쟁을 두려워한 주민들이 피난을 떠나고 곳곳에서 혼란이 심해지자 막부는 미국대통령의 서한은 받아들이되 그에 대한 답장은 1년 뒤에 하겠다고 제시했다. 막부의 제안을 받아들인 페리 제독은 함대를 끌고 홍콩으로 이동해 해가 바뀌기를 기다렸다.

페리함대가 다녀간 뒤 사쿠마 쇼잔의 학교에는 쇼인을 비롯해 더 많은 사람들이 몰려들어 일본을 구할 수 있는 방법에 대한 열띤 토론을 펼쳤다. 쇼잔은 외국함선에 대응할 수 있는 큰 배와 대포가 있어야 하고 가급적 빨리 힘을 길러야만 한다고 주장했다. 대표적인 난학(蘭學)[37] 학자로 분류되는 쇼잔은 화약과 유리 제조, 종두법, 사진, 망원경, 전신기 등도 연구했는데, 13세 때 이미 해안을 방비하는 대책을 건의했을 만큼 출중했다. 쇼잔은 일본의 젊은이들을 서구국가에 보내 유학시키고, 적극적인 개국으

---

37. 난학(蘭學) : 에도시대에 나가사키로 들어온 네덜란드의 학문, 기술, 문화 등을 총칭. 철저한 쇄국정책을 유지한 막부는 선교를 하지 않는 네덜란드에게만 교역을 허락했다. 일본이 국제정세를 빠르게 파악하고 의학, 과학, 수학, 천문학 등의 학문을 발전시키는 데 큰 역할을 했다.

로 일본을 발전시켜야 한다고 생각했다. 쇼인에게 바다에서 표류하다가 미국으로 건너가 영어를 배우고 다시 돌아와 에도막부에서 통역관으로 일하는 한 어부[38]의 이야기를 들려주며, 표류를 가장해 해외로 나가는 것을 제안했다. 당시 무단으로 해외로 나가는 것은 사형에 처해지는 매우 중대한 범죄였지만, 쇼인은 일본을 위해서라면 기꺼이 해외로 나가겠다고 결심했다.

다양한 지역에서 모인 사무라이들, 특히 일본을 구하겠다는 뜻을 품은 젊은 지사(志士)[39]들은 이미 유명해져 있던 쇼인을 우러러보며 그 곁으로 모여들고 있었다. 쇼인은 물질적인 발전과 함께 일본의 고귀한 정신인 '야마토 정신(大和魂)'으로 일치단결하는 것이 중요하다고 강조했다. 대표적인 지사(志士)로서 인정받던 쇼인은 사명감에 불타며, 고향인 조슈번에 편지를 보냈다. 조슈번이 적어도 2척 이상의 군함을 구입하고 군사력을 길러야만 한다고 건의했지만 번의 관리들은 배도, 총도, 훈련도 전통적인 방식을 유지하는 것이 좋다며 쇼인의 목소리에 귀 기울이지 않았다.

한편, 그 해 8월에는 러시아의 푸탸틴 해군 중장(Efim

---

38. 존 만지로(ジョン 万次郎, 1827~1898) : 본명은 나카하마 만지로(中濱 万次郎)다. 1841년 14세 때 바다에서 조난당해 태평양의 무인도 도리시마 섬에 상륙하고 미국 포경선에 구출됐다. 미국에서 영어, 수학, 측량기술, 항해술, 조선기술 등을 배우고 1851년 10년 만에 일본으로 귀국했다. 쇄국령을 위반한 죄로 심문받았지만 페리함대 사건으로 인해 미국에 대한 지식이 필요했던 막부가 관직을 주며 자문을 구했다. 미국을 방문한 최초의 일본인 중 한 명이고 개화기에 번역가로써 활동했다.

39. 지사(志士) : 나라와 민족을 위하여 몸 바쳐 일하려는 뜻을 가진 사람

Vasilyevich Putyatin, 1803~1883)이 이끄는 러시아 함대 4척이 나가사키에 입항해 통상을 요구하고 있었다. 이 소식을 접한 쇼잔과 쇼인은 그 함대를 활용해 일본을 떠나 청나라로 간 뒤, 다시 미국으로 가는 원대한 계획을 세웠다. 9월 18일 에도를 출발해 나가사키, 교토, 구마모토를 거쳐 10월 27일 나가사키에 도착했지만, 러시아 함대는 불과 며칠 전에 떠나버린 상황이었다. 아쉬운 마음을 억누르며 고향 조슈번으로 이동한 뒤 다시 에도로 온 쇼인은 서구세력에 대항하기 위해선 결국 그 소굴에 들어가야만 한다는 생각에 절치부심하며 새해를 맞이하게 됐다.

1854년, 25세

1년 전 페리함대가 나타나 일본 전역을 들썩인 뒤, 에도막부는 조정(천황)에 소식을 알리고 대처방안에 대해 의견을 구하는 등 나름의 애를 썼지만 별다른 성과는 없었다.

1월 중순이 되자 페리 제독은 전보다 3척 많은 7척의 함정을 이끌고 에도만의 카나가와(요코하마 인근) 앞바다에 나타나 개항을 강요했다. 에도막부는 3월까지 네 차례에 걸친 교섭 끝에 시모다(下田)[40]와 하코다테(函館)[41]의 두 항구를 개방하는 조건으로 미국과 화친조약을 맺었다. 200년 넘게 시행해 온 쇄국정책이 미국의 힘에 굴복해 버리고 만 것이다. 일본 곳곳에서는 서구세력에 반감을 가진 고메이 천황의 의사와 상관없이 미국과 조약을 맺은 에도막부를 향한 비난이 빗발쳤다. 지사들은 일본에 암흑시대가 찾아왔다고 한탄했다. 사쿠마 쇼잔의 학교에서 공부하던 사무라이들도 예외가 아니었다. 특히 지난해 나가사키에서 러시아의 배로 밀항하려다 실패했던 쇼인은 아예 페리함대를 통해 미국으로 가려는 무모한 계획을 세웠다. 미야베 테조는 가능성이 희박한 쇼인의 계획을 어떻게든 막으려 했지만, 어느 누구도 사형까지 각오하겠다는 쇼인의 결심과 각오를 되돌릴 수는 없었다.

1년 전 나가사키에서 처음 만났던 카네코 시게노스케(金子重之輔, 1831~1855)는 쇼인보다 1살 어린 동생이었다. 시게노스케는 쇼인과 친분을 쌓으며 스승으로 모시게 되었는데, 에도에 머물던 중에 쇼인의 해외도항계획을 알게 됐고, 본인도 함께 데려가 달라고 요청했다. 쇼인은 좋은 동반자를 얻게 되어 기뻐했다.

사쿠마 쇼잔의 학교에서 준비를 끝낸 두 명은 에도를 출발해

---

40. 시모다(下田) : 이즈반도 남부의 도시. 막부의 직할령으로 해운으로 번영하였고 에도와 오사카를 오가는 선박들의 주요 항구였다. 일본의 첫 미국 영사관이 설치되었고 양국은 1858년 시모다에서 미일수호통상조약을 체결했다. 러시아 또한 시모다에서 1855년 러일화친조약을 맺었다. 1859년 6월 요코하마 항이 개설되면서 시모다 항의 역할이 이전되었다. 요시다 쇼인의 고향인 야마구치 현 하기와 자매결연을 맺고 있다.

41. 하코다테(函館) : 홋카이도 남단의 도시. 에조치 교역으로서 번창해 막부의 봉행소가 있었다.

미국 함정이 있는 카나가와로 갔다. 그동안 페리함대는 개항하기로 결정된 시모다 항구로 이동했고, 쇼인 일행은 그 뒤를 열심히 쫓아갔다. 3월 18일 시모다에 도착한 그들은 오카카타야(岡方屋)[42]라는 숙소에 짐을 풀고 쇼인은 카노치만지(瓜中万二), 시게노스케는 이차키코우타(市木公太)라는 가짜 이름을 지어냈다. 당시 쇼인은 피부병에 시달리고 있었는데 근처의 렝다이지 온천(蓮台寺溫泉)을 찾아가 무라야마(村山邸)라는 의사에게 온천치료를 받으며 며칠간 쉬기도 했다.[43]

한편 둘은 페리 제독에게 줄 편지를 쓰고 해외로 떠날 준비를 마무리했다. 도항을 허가해달라고 요청하는 편지의 내용은 다음과 같다.

'책을 통해 미국의 문물을 알게 되었고 직접 가고 싶었지만, 일본의 법률이 엄격해 해외에 나갈 수가 없습니다. 배 안에서 무슨 일이든지 할 테니 함께 데려가 주십시오. 편지가 노출되면 우리는 사형당할 수 있기 때문에 비밀을 지켜주시길 바라며, 어두운 밤에 조각배를 타고 함대에

---

42. 오카카타야(岡方屋) : 현재 시모다야 료칸(下田屋旅館)

43. 렝다이지 온천(蓮台寺溫泉) : 시모다 인근의 유황온천. 요시다 쇼인이 며칠 간 묵었던 무라야마 저택과 몸을 담근 욕탕의 욕조는 1941년 10월 27일 시즈오카 현의 사적으로 지정되어 지금도 보존되고 있다.

시모다 쇼인 은신처
ⓒ http://shimoda.izuneyland.com/murayama.html

접근하겠습니다.'

3월 25일 밤, 나룻배를 타고 바다로 나선 쇼인 일행은 악천후로 인해 다시 육지로 돌아와야만 했다. 이틀 뒤에는 육지에 잠시 상륙한 미국 군인에게 편지를 건네주며 페리 제독에게 전달해 줄 것을 요청했다. 그날 새벽 2시, 어둠을 틈타 벤텐섬(柿崎の弁天島付)[44]인근에서 작은 조각배를 타고 혼신의 힘을 다해 노를 저어 미국의 포하탄호(ポーハタン号)에 접근했다. 경계병에게 이끌려 갑판에 올라오자 타고 온 조각배는 파도에 떠밀려 점점 사라져갔다. 경계병들은 온갖 몸짓을 섞어가며 말하는 두 일본 젊은이와 도저히 말이 통하지 않자 일본어 통역사인 윌리엄스[45]를 깨웠다. 마침 그날 오후 쇼인이 보낸 편지[46]를 건네받았던 윌리엄스는 페리제독과 미리 상의한 대로 그들의 도항요청을 거절했다.

페리 제독은 사형을 각오하고 대담하게 찾아온 두 일본 청년의 열정에 크게 감동했지만, 조약을 맺은 지 얼마 되지 않아, 일본과 불필요한 마찰을 일으킬 순 없었고, 미국과 일본이 사이좋

---

44. 카키자키 벤텐섬(柿崎の弁天島付) : 현재 시모다 카키자키 우체국 부근

45. 새뮤얼 윌리엄스(Samuel Wells Williams, 1812~1884) : 19세기 중반 미국의 언어학자·외교관·선교사·중국학자. 공대 졸업 후 1833년 중국의 아메리칸 보드출판사에서 근무하며 다양한 활동을 하던 중 1853년 페리 제독에게 통역으로 고용되었다. 1860년 베이징 주재 임시대사직책을 수행하고 1877년 미국으로 돌아가 예일 대학교 최초의 중국문학 교수가 되었다.

46. 이 편지는 예일대도서관 윌리엄스 관련 전시관에 보관되어 있다.

게 지내려면 서로를 잘 아는 것이 중요하다며 필사적으로 매달리는 쇼인과 시게노스케의 요청을 거절할 수밖에 없었다.

그들이 타고 왔던 조각배가 사라져버려서 미국 병사들이 시모다 해안가까지 보트를 태워주었다. 쇼인과 시게노스케는 날이 밝은 뒤 해안을 뒤져보았지만 조각배는 보이지 않았다. 배 안에는 검과 편지 등의 짐이 남겨져 있었는데, 다른 누군가가 발견하게 되면 곤란한 상황에 처하게 될 처지였다. 쇼인과 시게노스케는 더 큰 처벌을 피하고 자신들의 행위에 당당하게 책임지고자 시모다 번에 자수했고 결국 감옥에 갇히게 됐다. 넓은 세상을 배우고 돌아와 일본에 보탬이 되겠다며 목숨까지 걸었던 쇼인의 일본탈출계획은 이렇게 끝났다.

한편 페리 제독은 쇼인과 시게노스케에게서 받은 강렬한 인상을 일본 원정기(Japan Expedition, 1854)에 남겨놓았다.

"이 사건은 우리를 매우 감격시켰다. 법을 어기고 목숨을 내놓으면서까지 지식을 넓히려는 두 청년의 뜨거운 열정에 놀랐다. 일본인은 학문을 좋아하고 탐구심도 강하다. 이 두 청년의 계획만큼 일본 국민의 탐구정신(도전정신)이 얼마나 강한지 나타내는 것은 없다. 지금은 엄격한 법에 억눌려있지만, 만약 모든 일본인이 이 두 젊은이와 같다면 일본은 미국만큼 강대해질 것이다."[47]

　며칠 뒤 경비병들이 해안가에서 쇼인이 탔던 조각배를 발견했다. 사쿠마 쇼잔이 쇼인의 도항을 격려하는 편지가 발각되어 에도에 있던 쇼잔도 감옥에 잡혀 들어갔다. 쇼인과 시게노스케는 시모다의 쵸메이지(長命寺)[48]라는 절에 잠시 구금됐다가 헤이카츠 감옥(平滑の獄)[49]으로 옮겨져 도항 목적과 도피경로, 그들을 도와준 사람들의 이름 등을 포함해 혐의에 대한 조사를 받았다.

　쇼인 일행은 에도막부가 특히 중요하게 여기던 법을 어긴 죄인으로써, 정치범으로 특별히 취급받으며 에도의 덴마초(傳馬町) 감옥으로 옮겨졌다. 막부의 관리들은 키타마치 봉행소(北町奉行所, 재판 등을 다루는 관청)에서 두 사람의 죄를 심문했다. 쇼인은 본인의 스승인 사쿠마 쇼잔이 감옥에 갇혔다는 사실에 마음이 아팠다. 쇼잔은 도항계획에 전혀 관여하지 않았다고 강조하며 스승을 변호했다. 또한 감옥에서 생활하고 조사를 받으면서도, 틈날 때마다 주변의 죄수들은 물론이거니와 간수들에게도 서양 국가들이 침략해오는 정세를 설명하고, 일본을 위해 목숨 바쳐서라도

---

47. 2007년 1월 EBS 교육방송에서 중국 CCTV가 3년에 걸쳐 제작한 역사 다큐멘터리 『대국굴기(大國崛起)』를 방영했다. 일본의 메이지 유신을 다룬 제7화의 5분 55초부터 약 1분간 이 장면이 나온다. 그러나 방송에서는 그 젊은이들이 누구인지에 대한 언급 없이 곧바로 14년 후의 메이지 유신으로 넘어간다.

48. 쵸메이지(長命寺) : 현재 시모다시 교육위원회 부지

49. 헤이카츠 감옥(平滑の獄) : 현재 시모다 고등학교 앞

직접 서양을 공부하려 했던 이야기를 들려주며, 공감을 불러일으켰고, 실제로 많은 이들에게 깊은 감명을 주었다.

죽음을 각오한 지 6개월이 지난 9월 18일에도 막부는 최종 판결을 통해 쇼인, 시게노스케, 사쿠마 쇼잔을 고향으로 유배시키고, 집밖으로 나오지 못하게 하는 근신형을 명령했다. 중요한 법을 위반한 것 치고는 굉장히 관대한 판결이었다. 쇼인은 판자벽을 사이에 두고 수감돼있던 쇼잔에게 미안해하며 용서를 빌었다. 쇼잔은 "하늘은 그 사람에게 큰일을 줄 때 반드시 그 마음과 몸을 먼저 괴롭힌다."는 맹자의 한 구절을 들려주며 되레 쇼인을 격려했고, 앞으로도 일본을 위해 힘쓰라고 조언하며 작별했다.

9월 23일 쇼인과 시게노스케는 죄인을 호송하는 작은 가마에 실려 에도를 떠났다. 시게노스케는 감옥에서 걸린 장염이 점점 악화돼 몸을 가누기가 힘들어졌다. 10월 24일 단풍이 수 놓인 하기에 도착하자 조슈번은 쇼인을 노야마(野山)감옥에, 시게노스케는 바로 건너편의 이와쿠라 감옥에 각각 수감했다.[50] 에도 막부에서는 근신형에 처했지만, 조슈번에서는 기회를 줬음에도 불구하고 다시 범죄를 저지르고 조슈번에 누를 끼친 쇼인을 쉽게 용서할 수 없었던 것이다.

---

50. 노야마(野山)감옥, 이와쿠라(岩倉) 감옥 : 하기 시내에 두 감옥의 터가 남아있다. 1645년 9월 마주보고 살던 노야마, 이와쿠라라는 두 무사가문이 싸움을 일으키고 칼부림사태까지 일어나자 번에서 재산을 몰수하고 집이 있던 자리를 감옥으로 만들어버렸다. 노야마 감옥은 중상급 이상의 신분, 이와쿠라 감옥에는 상대적으로 신분이 낮은 사람들을 가두었다.

쇼인은 12월 어느 날 여동생 치요에게 보낸 편지에서 나라를 위하겠다는 핑계로 부모님께 불효하는 자신을 자책하는 한편, 길 건너 이와쿠라 감옥에 갇혀있는 시게노스케의 몸 상태가 더 안 좋아졌다는 소식에 마음 아파했다.

노야마 감옥 터

1855년, 26세[51]

새해가 밝고 시게노스케의 병세는 더욱 악화됐다. 그는 일본의 미래를 걱정하는 유언을 남기고 1월 11일 이와쿠라 감옥에서 숨졌다.[52] 쇼인은 함께 목숨을 걸었던 동지이자 친구이며 제자이기도 했던 시게노스케의 사망 소식을 듣고 매우 슬퍼했다. 시게노스케를 기리는 비석을 세우라고 가족들에게 부탁하는 한편 전국의 지인들에게 편지를 보내 시게노스케의 넋을 위로하는 글을 보내달라고 부탁했다.

---

51. 요시다 쇼인은 이 시기부터 스스로를 니주잇까이모시(二十一回猛士)라는 별칭으로 불렀다. 꿈에서 일종의 계시를 받았다는 것이다. 요시다(吉田)를 뜻하는 '吉'와 '田'글자를 분해해서 다시 쓰면 '二十一回'가 된다. 스기(杉) 가문을 뜻하는 '杉'는 해체하면 '十八'이 되는데 이것을 다시 조립하면 '廿一'이 되어 '二十一'이 된다. 그리고 '猛士'는 자신이 믿는 것을 끝까지 관철하는 사람이라는 의미에서 가져왔다.

   (1) 번의 허가증 없이 동북지방을 여행한 것

   (2) 장급사언이라는 의견서를 써서 번주에게 간언한 것

   (3) 시모다에서 국법을 어기고 해외로 도항하려한 것

   그동안 위의 3가지를 도전하고 일부는 실패했지만 본인은 21회 맹사(二十一回猛士)이기 때문에 아직 18번이나 신념을 관철시킬 기회가 있다며 왕성한 기개를 드러낸 것이다. 이때부터 그가 쓴 모든 글의 마지막부분에는 二十一回猛士라고 적혀있다.

52. 이와쿠라 감옥터에는 시게노스케를 기리는 쇼인의 시비가 세워져 있다.

이와쿠라 감옥터

시게노스케를 기리는 쇼인의 시비와 추모비

노야마 감옥에서 카네코 시게노스케의 부고를 듣다.

에도 덴마초 감옥에서 하기에 호송되고
너와 헤어지며 이야기를 나눌 수도 없었다.
너는 이와쿠라, 나는 노야마 감옥에 갇혀
서로의 소식도 알지 못했다.
우리가 감옥에 갇힌 것은 마치 바다의 물고기가
작은 연못에 갇혀 고생하는 것과 같다.
그러나 숲에서 살다가 새장에 갇힌 새가
숲을 잊지 않는 것처럼 우리의 큰 뜻도
잊을 수 있는 것이 결코 아니다.
시간이 흘러도 만날 수 없었지만 꿈에서라도
마음이 통했는데, 너의 죽음을 전해 들었을 때
도저히 믿기지 않았다. 이렇게 죽음으로 헤어질 줄은 정말
생각지도 못했다.

친구, 요시다 쇼인

쇼인은 감옥에 갇혀서도 일본의 미래를 걱정했지만 그가 할 수 있는 것은 아무것도 없었고, 고뇌를 달래기 위해 닥치는 대로 책을 읽었다. 형 우메타로는 면회 때마다 책을 가져다주고 과일, 떡 등의 음식과 붓, 먹물, 종이, 편지, 약, 추위를 견디기 위한 곰 가죽 등 다양한 물건도 챙겨주었는데, 간수에게 특별히 부탁해서 넣어준 등불 덕분에 쇼인은 날이 저문 뒤에도 책을 읽으며 공부할 수 있었다. 1년이 채 안 되는 동안 노야마 감옥에 머물며 쇼인이 읽은 책은 약 550여 권이라고 전해진다.

2장. 요시다 쇼인의 생애 '뜨겁게 불타오른 29년'

쇼인과 함께 노야마 감옥에 있던 죄수

구분	죄수 이름	연령(세)	수감기간(년)
1	다이후카 토라노죠 (大深虎之允)	75	48
2	히로나카 카츠노신 (弘中勝之進)	47	18
3	오카다 이치 (岡田一廸)	42	15
4	이노우에 키사에몬 (井上喜左衛門)	37	8
5	코노 카즈마 (河野数馬)	43	8
6	아와야 요시치 (粟屋与七)	-	7
7	요시무라 젠사쿠 (吉村善作)	48	6
8	시지마타 사부로 (志道又三郎)	51	5
9	타카스 히사코 (高須久子)	38	3
10	토미나가 와타루헤이 (富永弥兵衛)	35	3
11	히라카와 우미타로 (平川海太郎)	43	2

출처 :「野山獄囚名録敍論」/ 연령 : 1856년 기준

노야마 감옥 평면도 (*: 요시다 쇼인이 수감된 곳)

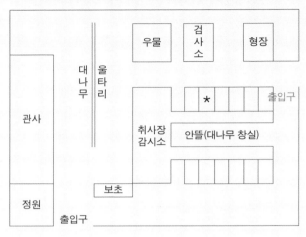

한편 쇼인이 걸어온 삶은 그 자체로 이미 주변 사람들에게는 존경과 배움의 대상이었고, 큰 울림을 주고 있었다. 훌륭한 인재를 기르고 일본인 모두가 뜻을 모아야만 서구의 침략을 막을 수 있다며, 자신이 있는 곳 어디서든 교육활동을 이어갔다.

쇼인의 바로 옆방에 있던 35살의 토미나가 와타루헤이(富永弥兵衛, 1821~?)[53]는 매우 고집이 세고 비뚤어진 성격을 갖고 있어서 상대하기 어려운 사람이었다. 그 모난 성격에 조금이라도 도

53. 토미나가 와타루헤이(富永弥兵衛, 1821~?) : 조슈번의 수재로 써 성장했지만 삐뚤어진 성격 때문에 친지들에게도 미움받고 누명을 뒤집어써서 1853년 노야마 감옥에 수감됐다. 1859년 6월 출소해 요시다 쇼인의 쇼카손주쿠에 강사로 초청받기도 했다.

2장. 요시다 쇼인의 생애 '뜨겁게 불타오른 29년'

움을 주기 위해 『정헌유언(靖献遺言)』[54]이란 책을 읽어주며 느낀 점을 함께 나눴다. 토미나가는 쇼인의 진심을 느끼며 점점 마음을 열게 됐고, 쇼인이 준 『십팔사략(十八史略)』[55]등의 책을 읽으며 점점 변화되기 시작했다.

어떤 죄수는 책을 읽는다고 무슨 도움이 되냐며 따지기도 했다. 그럴 때마다 쇼인은 '인간은 누구나 자신만의 뜻을 갖고 태어난다. 아침에 도를 깨달으면 저녁에 죽어도 여한이 없다는 옛사람들의 말처럼 학문은 인간이 짐승과 다르게 각자에게 주어진 삶의 목적을 깨닫는 데 있다'라는 등의 말로써 죄수들을 변화시켰다. 어둡고 착잡하기만 했던 감옥의 분위기는 점점 활기차게 바뀌었다.

4월에는 대부분의 죄수들이 쇼인의 『맹자』 강의를 듣게 됐다. 간수들은 쇼인에게 붓·먹·등불 등을 챙겨주고 면회 온 사람들도 강의를 듣게 해주는 등 노야마 감옥은 마치 쇼인의 학교처럼 여겨졌다. 심지어는 쇼인의 강의를 듣기 위해 감옥에 찾아오는

---

54. 정헌유언(靖献遺言) : 17세기 일본의 유학자 아사미 케사이(浅見絅斎, 1652~1712)의 저서들을 엮어 1748년 간행된 책. 중국의 제갈공명, 도연명, 안진경 등 8명의 평전이다. 전통 왕조에 충성을 다한 인물들을 통해 왕조를 위해 생명을 걸고 지키라는 뉘앙스를 강하게 풍긴다. 요시다 쇼인의 애독서로 유명하고 막부 말기 '지사의 필독서'로 여겨져 메이지 유신에도 크게 영향을 미쳤다. 태평양 전쟁 중에도 많은 군인들에게 읽혔다.

55. 십팔사략(十八史略) : 중국 원나라의 증선지가 중국 고대사를 쓴 역사서. 역사속의 유명한 이야기를 뽑아 모은 것으로 초등교육서로 여겨진다. 1403년 조선 태종 때 명나라 사신에 의해 조선에도 전해졌다. 일본에도 비슷한 시기에 전해져 널리 읽혔고, 메이지 이후에도 한문 교과서로 쓰이는 등 많은 이들에게 읽힌 책이다.

경우도 있었다.

6월이 되자 쇼인 말고도 토미나가 등 3명의 죄수가 교대로 『맹자』를 강의할 만큼 노야마 감옥의 학구열은 뜨겁게 달아올랐다. 죄수와 간수들에게 글자와 시 짓는 법 등을 가르치며 경연대회를 열기도 하는 등 죄수들의 암담했던 삶을 180도로 뒤바뀌었고, 오직 일본을 위해 나아가는 쇼인을 존경하고 따르게 됐다.[56]

한편, 초가을에 하기를 찾아온 우츠노미야 모쿠린(宇都宮黙霖, 1824~1897)[57]이란 스님은 '막부를 타도하고 천황이 권력을 가져야 한다'라고 주장하는 편지를 쇼인에게 보내고 의견을 교환하기도 했다.

해가 저물어가던 12월 15일, 조슈번에서는 그동안 쇼인을 다소 과도하게 취급했다고 판단하고, 감옥에서 지낸 모습도 훌륭했기에 집에서 벗어날 수 없다는 조건 아래 감옥에서 풀어주었다. 오랜만에 집에 돌아온 쇼인은 다시는 조슈번에 폐를 끼치면 안 된다고 생각했고, 친척 외에는 찾아온 지인이나 친구도 만나지

---

56. 이때 쇼인과 죄수들이 지은 글은 「賞月雅草抄」라는 문집에 엮여있다.

57. 우츠노미야 모쿠린(宇都宮黙霖, 1824~1897) : 요시다 쇼인에게 막부를 토벌해야 한다는 사상을 심어 준 스님. 20세에 병에 걸려 귀머거리가 되고, 22살 출가해 40여 번을 돌아다니며 막부를 타도하고 천황을 옹립해야 한다고 주장했다. 1856년 찾은 하기에서 쇼인의 『유수록』을 읽고 깊이 감동해 옥중의 쇼인과 편지를 주고받았다. 원래 쇼인은 '막부가 바른 길로 가도록 충고하고, 양이를 통해 천황을 지켜야 한다.'는 생각이었지만 이 스님은 '그렇게 해서는 100년이 지나도 아무것도 변하지 않는다. 막부를 무조건 토벌해야 하고 양이에 관계없이 천황을 지켜야 한다.'고 주장했다. 사실 그와 쇼인은 단 한 번도 만나지 않고 1년 남짓 26통의 편지를 주고받은 게 전부지만 그의 과격한 사상은 쇼인에게 큰 영향을 미쳤다.

않았다. 다다미 넉 장 반 크기의 방에 들어앉아 왕성한 독서 활동을 이어갔을 뿐이다.

　쇼인은 감옥에 머무는 동안 미국으로 떠나려 했던 목적과 그 배경 등을 담은『유수록(幽囚錄)』을 썼다. 이『유수록』에는 일명 정한론(征韓論)-조선을 정벌해야 한다는 일본의 사상-의 근본 주장이 담겨있다. 쇼인의 주장은 훗날 대동아공영권 이론으로 발전되고, 일본의 침략정책에 영향을 주었다. 이는 태평양전쟁(제2차 세계대전)으로 이어졌고, 오늘날에도 일본의 극우세력은 쇼인의 주장을 그대로 신봉하고 있다.

　"군함과 포대를 서둘러 갖추고 즉시 홋카이도를 개척하고, 캄차카와 오호츠크를 빼앗고, 조선을 정벌해 원래 일본의 영토를 되찾아야 한다.

북쪽으로는 만주를 얻고 남쪽으로는 대만과 필리핀제도를 확보해 진취적인 기세를 드러내야 한다. … 무역에서 러시아와 미국에게 입은 손해는 조선과 만주의 토지로 보상받아야 한다."

1856년, 27세

쇼인은 "삼여독서, 칠생멸적(三余読書, 七生滅賊)"[58]라는 글귀를 집에 걸어놓고 매일 큰소리로 읽으며 스스로를 채찍질했다.

한편 쇼인이 어릴 때 살았던 집 근처에는 친척인 쿠보 고로자에몽(久保五郎左衛門, 1832~1878)[59]이 살고 있었는데, 쇼카손주쿠(松下村塾)라는 개인학교에서 청소년들에게 글을 가르쳤다. 원래 쇼카손주쿠는 쇼인의 작은아버지인 타마키 분노신이 1842년에 세운 학교였다. 그런데 1848년 조슈번에서 지시한 임무로 인해 분노신이 더 이상 학교를 운영할 수 없게 되자, 친척인 쿠보에게 학교의 이름을 넘겨주게 되었다.

쿠보의 쇼카손주쿠에서 공부를 마치고 집에 돌아가는 학생들은 쇼인이 갇혀있는 집 앞으로 모여들어 여러 가지 질문을 던지곤 했다. 쇼인은 그럴 때마다 친절하게 대답해주며 본인의 학식과 경험을 어린 학생들에게 전달했다. 쇼인의 능력이 그대로 묻히는 것을 아까워한 가족과 친지들의 요구에 따라 쇼인은 아버

---

58. 삼여독서, 칠생멸적(三余読書, 七生滅賊) : 공부하기 좋은 세 개의 여가(겨울, 밤, 비오는 날)와 7번 태어나도 국가의 적(천황의 적)을 없애야 한다.

59. 쿠보 고로자에몽(久保五郎左衛門, 1832~1878) : 요시다 쇼인의 친척

2장. 요시다 쇼인의 생애 '뜨겁게 불타오른 29년'

타마키 분노신의 집, 쇼카손주쿠의 시작

지 유리노스케, 친형 우메타로, 사촌 동생들, 친척 쿠보 등을 비롯한 친지들을 대상으로 강의를 하게 됐다.

첫 강의는 노야마 감옥에서도 가르쳤던 『맹자』였다.[60] 쇼인은 원문을 읽고 단순히 해석만 하는 것이 아니라 스스로의 경험과 일본이 처한 현실을 함께 엮어내며, 듣는 이들을 강의에 흠뻑 빠져들게끔 했다.

1856년 7월부터는 점차 쿠보의 학생들도 쇼인을 찾아오게 됐고 8월에는 『무교전서』 강의를 시작했다. 조슈번에서는 근신 중인 쇼인이 사람을 만나거나 강의를 해도 암묵적으로 허용하기에 이르렀다.

---

60. 이 때 강의한 내용은 『강맹차기(講孟箚記)』란 책으로 엮였고, 훗날 『강맹여화(講孟余話)』로 제목이 바뀌었다.

9월에는 쿠보가 운영하는 '쇼카손주쿠의 교육정신'을 작성하며, 자신의 교육관을 정립하고 일본을 이끌어 갈 인재를 기르자는 목표를 구체화했다.

'학문에 힘쓰지 않으면 훌륭한 사람이 될 수 없고, 약간의 수고를 견디지 않으면 세상을 구할 수 없다.'
'학업을 통해 자기를 완성하는 데 힘쓰고, 실력을 길러 사회와 국가에 공헌한다.'

앞서 언급했듯이 전통적으로 에도 막부에 반감을 가져온 조슈번은 공립학교인 명륜관을 통해 번의 미래를 이끌어 나갈 인재들을 길러왔다. 명륜관의 학생들도 요시다 쇼인의 학식과 애국심에 매료되어 쇼인을 찾아와 강의를 들었다.

명륜관은 일정 계급 이상이 되어야만 입학할 수 있던 것과 달리 쇼카손주쿠는 일반 서민과 하급 무사의 자제들까지, 출신 신분을 묻지 않고 누구나 받아들였다. 즉, 쇼인은 누구에게나 교육의 기회를 주며 인재를 기르려고 했다.

1856년 말에는 동네 생선 가게의 자제인 마츠우라 쇼도(松浦松洞, 1837~1862), 이웃에 살던 최하급 무사의 자제 요시다 토시마로(吉田稔麿, 1841~1864), 의사의 자제 마스노 토쿠민(增野德民, 1841~1877) 등을 받아들였다. 해가 바뀌고 하급 무사의 자제

이토 토시스케(伊藤利助, 1841~1909, 이토 히로부미), 구사카 겐즈이 (久坂玄瑞, 1840~1864), 시나가와 야지로(品川弥二郎, 1843~1900), 마에바라 잇세이(前原一誠, 1834~1876), 타카스기 신사쿠(高杉晋作, 1839~1867) 등 훗날 메이지 유신의 주역이 되는 인물들이 잇달아 쇼인의 제자가 됐다.[61]

일본을 잘 이해하는 것이 가장 우선적으로 이뤄져야 한다고 깨달은 쇼인은 아이자와 세이시시사이의 『신론』에서도 강조한 일본의 국체(國體)를 학생들에게 특히 집중적으로 가르쳤다. 그리고 '지성(至誠, 지극한 정성)을 다하면 움직이지 않는 것은 없다'라는 신념을 강조하며 학생들의 영혼을 이끌었다.

1857년, 28세

공부와 강의를 이어가던 쇼인에게 7월의 어느 날 기쁜 소식이 전해졌다. 노야마 감옥에서 함께 지냈던 토미나가가 풀려난 것이다. 딱히 갈만한 곳이 없었던 토미나가는 쇼인의 일을 돕겠다며 발 벗고 나섰다. 그는 원래 마구간으로 쓰이던 건물을 개조해 쇼인이 강의할 수 있는 교실로 만들어주었다. 쇼인은 쿠보의 쇼카손주쿠 학생들을 본인의 학생으로 받아들이게 되면서 '요시다 쇼인의 쇼카손주쿠'가 본격적으로 시작됐다.

---

61. 천한 신분이었지만 이때 교육의 기회를 얻어 훗날 일본의 총리까지 오른 이토 히로부미, 야마가타 아리토모 등을 포함해 쇼카손주쿠 학생들은 강대국 일본의 발판이 된 메이지 유신을 주도하며 일본의 역사를 써내려 갔다. 각 인물의 생에 대해선 이 책의 제4장을 참조

쇼인의 명성이 점점 퍼져나가면서 하기 이외의 다른 지역에서도 찾아오는 등 쇼카손주쿠의 학생 수는 더욱 늘어났다. 하지만 다다미 8첩(약 4평)[62]의 크기로는 모든 학생을 감당하기에 너무 비좁았다. 규모를 확장하기 위해 목수를 고용할 만큼의 금전적 여유가 없었지만, 다행히 에도 유학 때 만난 나카타니 쇼스케(中谷正亮, 1828 - 1862)가 목수작업을 할 수 있었고, 그의 재능기부로 만들어진 뼈대와 자재들을 활용해 학생들과 함께 지붕을 이고 벽을 만드는 등 지금의 크기(다다미 10첩 반, 약 6평)로 쇼카손주쿠를 증축했다.

쇼인은 선생과 학생을 엄격히 구분 짓기보단 학생들과 허물없이 지내며 함께 배우고자 했고, 먼저 모범을 보여야 한다며 손에서 책을 놓지 않았다. 그리고 '책을 읽을 때 들이는 힘의 절반을 들여서 필기해야 한다', '글을 읽고 느끼는 바를 반드시 기록하라' 등을 학생들에게 강조했다.

대부분의 학생은 본인의 집에서 쇼카손주쿠까지 통학했지만 집이 먼 곳에 있거나 특별히 원하는 학생은 먹을 음식을 가져와 쇼카손주쿠에서 자취했다. 특히 쇼인의 아버지는 여러 면에서 학교의 운영을 챙기고, 어머니는 집이 가난한 학생들에게 옷가지나 음식을 챙겨주었다. 쇼인의 형은 쇼카손주쿠 증축 공사에 쓰인 경비와 기타 운영비용을 지원하는 등 가족들의 든든한 뒷받침 아

---

62. 다다미 1첩 : 약 1.62㎡(반 평)

2장. 요시다 쇼인의 생애 '뜨겁게 불타오른 29년'

래 쇼카손주쿠는 활짝 피어날 수 있었다.

쇼인은 맹자의 가르침 중 '지성(至誠)이면 감천'을 특히 자주
인용했다. '세상일은 잠깐 노력한다고 쉽게 이룰 수 있는 게 아니다. 오
랜 정성이 수없이 쌓여야만 이뤄낼 수 있다'라는 등의 편지를 학생들
에게 써 주기도 하는 등 틈날 때마다 "지성"을 다해 힘써야 한다
고 가르쳤다. 그리고 지성을 다하더라도 실패할 수 있지만, 그럴
수록 자기를 반성하고 더욱 정성을 다해야 한다고도 했다. (훗날
이토 히로부미와 아베 신조 등의 좌우명이 바로 쇼인이 강조했던 '지성'이기
도 하다.)

1858년, 29세(안세이 5년)

1854년 체결된 미일 화친조약에 따라 미국은 일본에 외교관
을 파견했다. 1856년 시모다에 온 미국의 총영사 타운젠드 해리
스(Townsend Harris, 1804~1878)[63]는 1857년 10월경 막부의 정책을
총괄하는 직책인 로주(老中)[64]를 맡고 있던 홋타 마사요시(堀田正

---

63. 타운젠드 해리스(Townsend Harris, 1804~1878) : 미국의 외교관, 초대 주일본 공사를
    지내며 미일수호통상조약을 맺었다.

64. 로주(老中) : 에도 막부시대 쇼군의 직속부하로 국가 정사를 통솔하는 직책

睦, 1810~1864)[65]에게 미일수호통상조약[66]을 체결하자고 압박했다. 미국은 태평양지역에서 세력을 더욱 확대하기 위해서는 일본의 무역을 서둘러 개방시켜야만 했던 것이다.

하지만 에도막부는 병에 걸린 제13대 쇼군 도쿠가와 이에사다(德川家定, 1824~1858)의 후계자 문제를 놓고 첨예하게 대립하고 있었다. 내정도 챙기지 못하고 미국의 압박에도 대처하지 못한 막부는 1858년 2월 해리스의 요구를 받아들일 수밖에 없었다. 교토에 있는 천황에게 승인을 받아야 한다며 잠깐의 유예기간을 얻어냈지만 천황은 이를 승인하지 않았다. 이러지도 저러지도 못하는 상황에서 머뭇거리는 에도막부를 향해 미국은 무력으로 협박하게 되었고 일본은 다시 위기에 빠져들었다. 막부를 비판하던 사람들은 화친조약 이후 시간이 지나도 군사대비태세도 갖추지 못하고 제자리에만 머물러 있는 막부에 더 깊은 반감을 가지게 되었다.

해외에서 공부하고 돌아오겠다는 계획은 좌절됐지만, 교육을 통해 일본에 기여하고자 쇼카손주쿠를 운영하던 요시다 쇼인

---

65. 홋타 마사요시(堀田正睦, 1810~1864) : 사쿠라 번(현재 지바 현 사쿠라 시)의 번주. 1837년부터 1843년까지 로주 직책을 수행했다. 난학에 관심이 많았고 외국과의 통상을 주장하는 개국파였다. 1855년 다시 로주가 되었고 1858년 미일수호통상조약의 체결을 승인받으려했지만 고메이 천황이 거부했다. 13대 쇼군의 후계자 문제를 두고 다투던 중 근신처분을 받고 사쿠라 번에 칩거하며 여생을 보냈다.

66. 미일수호통상조약 : 1858년 7월 29일 일본과 미국 사이에 체결된 통상조약. 일본이 서구국가와 맺은 불평등 조약 중의 하나다. 한편 일본은 이러한 경험들을 축적해서 조선과 강화도조약 등을 맺는 등 주변국 침탈의 발판을 마련했다.

2장. 요시다 쇼인의 생애 '뜨겁게 불타오른 29년'

은 날로 복잡해지는 국내외의 정세에 고민이 깊어졌다.

1월에는 '천하는 이미 망했다'라는 위기의식을 갖고 〈광부의 말씀(狂夫之言)〉이란 보고서를 써서 조슈번에 제출했다. '지금 일본의 병은 위기에 처한 이유를 모르는 데 있다. 그 이유를 알고 대책을 세워야 한다'라는 내용을 바탕으로 조슈번이 선제적으로 정치를 개혁하고 군사력 특히 해군력을 길러 서양국가들과 대등한 위치에 서서 일본을 구해야 한다고 건의했다. 쇼인으로서는 한 번도 외세에 굴복한 적이 없었던 일본이 미국에 무릎 꿇고 불평등한 조약을 맺는 것은 '일본의 국체'를 훼손하는 짓이며, 절대 용납할 수 없는 일이었다. 게다가 러시아는 일본 북방지역 영토를 끊임없이 넘보고 있었다. 하지만 조슈번에서는 에도막부와 갈등을 일으키지 않기 위해 쇼인의 의견을 받아들이지 않았다.

교토와 에도 등에서 공부하는 쇼카손주쿠 출신 학생들이 수집해온 다양한 정보와 전국의 지인들에게 받은 편지 등을 통해 정세를 상세하게 파악하던 쇼인의 가슴에는 일본의 미래를 걱정하는 마음뿐이었다.

2월에는 〈다케시마(울릉도) 개척의견서(竹島開拓の意見書)〉을 써서 명륜관 사범 시절의 제자인 기도 다카요시(훗날 메이지 유신의 3대 영웅, 사카모토 료마와도 깊은 인연을 맺는다.)에게 보냈다.

'다케시마를 개척하면 해외(러시아 등)의 사변에 대응하거나 조선과

만주에 진출할 때에도 일본의 거점으로 쓸 수 있어 크게 이익이 된다.[67]

6월에는 히코네 번주 이이 나오스케(井伊直弼, 1815~1860)[68]가 에도막부의 최고위직인 다이로(大老)에 임명됐다. 에도막부의 정책에 반대하는 의견을 가차 없이 무시해오던 그는 천황의 승인 없이 미국과의 통상조약을 체결했다. 또한 자신이 조종하기 쉬운 도쿠가와 이에모치(德川家茂, 1846~1866)를 14대 쇼군으로 추대했다. 여기에서 그치지 않고 7월에는 네덜란드, 11월에는 러시아와도 통상조약을 맺으며 천황에게 충성하는 많은 번과 지사들에게 공공의 적으로 몰렸다. 그럼에도 불구하고 더욱 강경한 정책으로 에도막부에 반대하는 사람들을 잡아들이고 탄압하기 시작했다.

한편, 쇼인의 여동생 후미와 결혼한 구사카 겐즈이가 편지로 보내온 교토의 정세는 심상치 않았다. 이이 나오스케가 자신에게 반대하는 세력을 모두 잡아들이고 있다는 내용이었다. 편지가 도

---

67. 훗날 일본군의 아버지가 되는 오무라 마스지로, 존왕양이 활동의 선두주자 구사카 겐즈이, 메이지 유신 3걸인 이노우에 가오루, 시마네현의 현령이 되는 사이토 에조 등이 쇼인의 이러한 의견에 적극적으로 동조하며 정책수립에도 큰 영향을 미쳤다.

68. 이이 나오스케(井伊直弼, 1815~1860) : 히코네 번(현재 시가 현)의 제15대 번주이자 에도 막부의 다이로(大老). 1858년 6월 에도 막부의 최고위직책(다이로)에 취임한 뒤, 천황의 승인을 얻지 못한 미·일 수호 통상조약을 독단적으로 처리했다. 게다가 막부의 정책에 반대하는 무사들을 잡아들이고 처벌한 이른바 '안세이 대옥'을 일으켰다. (이때 요시다 쇼인이 사형 당했다.) 강압적인 정책으로 많은 무사들의 원한을 산 결과 미토 번과 사쓰마 번의 무사들에게 에도의 사쿠라다 문 밖에서 암살당했다. 이를 계기로 막부의 각료들이 연달아 살해당하게 되며 혼란에 빠져들었다.

2장. 요시다 쇼인의 생애 '뜨겁게 불타오른 29년'

착했을 때는 이미 교토에서 활동하던 많은 지사가 체포되었고 이른바 '안세이 대옥(安政大獄)'[69]이 시작되어 에도막부의 정책을 비판하던 지도자들도 이미 감금되고 있었다.

정세가 더욱 급박하게 돌아가는 가운데 쇼인은 7월 13일 '막부를 쓰러뜨리고 없애버려야 한다'라고 주장하는 글[70]을 써서 모리 번주에게 보냈다. 조슈번주와 관리들은 쇼인의 과격한 주장을 위험하게 생각했다. 원래 쇼인은 각 번들이 막부를 도와 외세의 침략을 이겨내야 한다고 주장했지만, 정세가 급격하게 변하고, 막부가 천황의 존재를 무시하며 독단적으로 행동하는 모습을 보며 점점 막부를 타도해야 한다고 생각하게 됐다. 특히 천황의 허가 없이 통상조약을 맺은 것은, 에도막부 스스로 일본의 국체를 더럽힌 행위라고 생각했다.

전국 각지에서 막부를 타도하기 위한 운동이 활발하게 펼쳐지는 가운데 미토, 사쓰마, 오와리 번 등의 지사들은 이이 나오스케를 암살하려고 했다. 천황의 뜻을 어기면서까지 미국에 굴복하고, 지사들을 잡아들이며 일본을 망하게 하고 있는 원수를 없앤다는 명분이었다.

─────────

69. 안세이 대옥(安政大獄) : 에도막부가 1858~1859년에 걸쳐 존왕양이파(尊王攘夷派)를 숙청한 사건. 이이 나오스케(井伊直弼)등이 천황의 허가없이 미일수호통상조약을 맺은 데 격분한 조정은 존왕양이를 주장하는 미토번에 막부를 압박하라고 비밀리에 지시했다. 막부는 무력을 동원해 존왕양이파를 탄압했다. 1858년 9월 교토에서 수많은 지사(志士)와 존왕파가 체포돼 에도로 옮겨졌고, 요시다 쇼인(吉田松陰), 라이 미키사부로(頼三樹三郎), 하시모토 사나이(橋本左内) 등이 처형됐다.

70. 〈큰 뜻을 논의한다.(大義を議論する)〉

쇼인도 그와 비슷한 맥락에서 이이 나오스케의 오른팔로 교토의 지사들을 마구 잡아들이고 있는 마나베 아키카츠(間部詮勝, 1804~1884)를 암살해야겠다고 결심했다. 10월경 쇼카손주쿠의 제자 중 마에바라 잇세이, 시나가와 야지로 등 17명과 함께 암살계획을 논의했다. 비록 구사카 겐즈이 등 일부는 이 계획에 동의하지 않았지만, 쇼카손주쿠는 막부타도를 외치며 극단적인 행동을 계획하는 정치결사체로 점점 변하고 있었다.

쇼인은 그에게 우호적인 조슈번의 관리, 스후 마사노스케(1823~1864)에게 교토에서 아키카츠를 살해하겠다는 계획을 통보했다. 조슈번은 쇼인의 계획을 말리려 했지만, 그의 추진력과 어떤 위협에도 굴하지 않는 신념을 너무나 잘 알고 있었다. 쇼카손주쿠에서 막부의 관리를 암살하려 한다는 소식을 에도막부가 알아차리게 되면 자칫 조슈번의 운명도 위태로워질 수 있었다. 조슈번은 그때까지 막부를 상대로 전투를 벌일 힘을 기르지 못했던 것이다. 번의 생존을 위해서는 결국 쇼인을 붙잡아 가두는 수밖에 없었다. 쇼인을 감금한다는 소식을 들은 8명의 학생은 스후의 집 앞에 몰려가 가혹한 처사에 대해 강하게 항의했지만, 조슈번은 그들에게도 근신형을 부과하며 암살계획을 원천적으로 차단했다.

12월, 쇼인은 '조슈에서 일본을 떠받치는 기둥, 훌륭한 인물들이 꼭 나온다'라고 적은 글을 남기고 노야마 감옥에 갇혔다. 그는 감옥에 있으면서도 '(조슈)번주가 교토로 가서 천황을 만나고 막부를 타도하라는 천황의 명령을 받아와야 한다', '교토의 지사들을 조슈번으로 끌어모아 힘을 합쳐 막부를 타도해야 한다', '서쪽에 있는 번들이 막부를 타도할 군대를 결성해 에도로 진격하자!', '천황께서 얼마나 고심하고 있을지를 헤아리고 행동하라'는 등의 주장을 담은 편지를 곳곳의 지사들에게 보내는 등 점점 공격적이고 과격해졌다. 쇼카손주쿠의 학생들 중에도 쇼인의 과격한 주장에 거부감을 느끼는 사람들이 하나둘 생겨나기 시작했다.

1859년, 30세

4년여 만에 다시 노야마 감옥의 독방에 갇히게 된 요시다 쇼인은 편지를 통해 자신의 주장을 펼쳤지만, 자칫하면 같이 감옥에 갇힐 것을 염려했는지 그에게 답장을 보내는 사람은 거의 없었다. '쇼카손주쿠의 4대 천왕'이라 불리던 우수한 학생들은 물론이고 쇼인이 가장 신뢰했던 기도 다카요시 등도 응답하지 않았다. 쇼인은 자신의 정성이 지극하지 않았던 것을 탓하며, 정성이 통할 때까지 식사를 하지 않겠다며 며칠을 굶기도 했다. 이 시기 쇼인은 이탁오[李卓吾, 본명 이지(李贄) 1527~1602]라는 중국 명나라 시기 양명학자의 삶과 그가 썼던 글에 깊이 빠져있었다. 중국에서 발원한 성리학은 인간의 본성을 도덕에 따라 교화하려 했고(성즉리), 양명학은 도덕을 마음의 영역으로 확장했다.(심즉리) 이탁오가 살았던 시기의 유학자들은 경전에 나온 문구 하나를 갖고 온갖 해설과 각주를 달며 수십 권의 무의미한 책을 쓰는 등 껍

데기에 매몰되어 있었다. 게다가 학자들은 경전 해석에 대한 정통성과 정당성을 무기로 삼고 권력가들과 결탁하여 자신들의 지위를 강화하고 백성들을 억압했다.

이탁오는 오래도록 혼미해진 유학계를 신랄하게 비판하며, 경전 해석보다 공자의 동심(童心)에 집중하자며 반기를 던졌다. 또한 유학자들이 터부시하고 억제하던 소유욕 등 인간의 본질적인 욕구를 인정하고, 도(道)를 새롭게 읽어내려고 했다. '나는 그저 앞의 개가 그림자를 보고 짖으면 따라 짖는 개에 불과했다', '지위가 높은 관료라 하더라도 동심이 없으면 존경하지 말고, 지위가 낮은 하인이라도 동심이 있다면 자신을 낮추고 절하라' 등의 생각과 결기를 담아 『분서(焚書)』,『장서(藏書)』등을 썼는데 당시 유학자들이 분노하며 비난했다. 그를 싫어했던 유학자들의 모함을 받아 책은 불태워지고 감옥에 갇혔고 결국 자살하며 72살의 생을 마쳤다. 쇼인은 이탁오가 쓴 『분서』를 읽으며 필사하고는 "나는 분서에 감동하며 눈물 흘리며 베껴 쓴다", "이탁오의 분서를 3번 정도 읽어라. 내 마음과 일치한다. 이 책을 읽으면 내 뜻을 알 수 있을 것이다"[71]라면서 제자들에게도 강력히 추천했다. 이미 쇼인은 '죽음'을 향해 브레이크 없이 질주하고 있었다.

그 연장선에서 쇼인은 교토에서 존왕양이를 주장하는 지사들을 마구잡이로 탄압하던 마나베 아키카츠를 암살하려는 계획을 멈추지 않았다. 구사카 겐즈이, 다카스기 신사쿠 등의 제자들

---

71. 미조구치 유조, 『이탁오 평전 - 정통을 걸어간 이단』, 글항아리, 2022. p.24.

이 쇼인에게 편지를 보내 말리려 했지만, 믿었던 제자들에게 배신감을 느낀 쇼인은 "나 자신이 여러분보다 앞서서 죽는 것을 보여주면 그것을 보고 느껴서 들고 일어나는 사람이 있을 것이다. 그런 것이 없다면 아무리 기다려도 그때는 오지 않을 것이다. … 내가 없다면 이 반역의 기세는 천년이 지나도 나오지 않을 것이다. … 나는 충성과 의리를 실천하기 위해 행동한다. 하지만 너희는 자신의 공을 세우고 싶어 할 뿐이다. 우리는 그 점이 서로 다르다"라며 분노했다. 그럼에도 불구하고 끝까지 쇼인을 따르는 제자들이 있었고, 그들을 통해 암살을 시도했다. 하지만 결과적으로 쇼인이 꾸민 계획은 모두 수포로 돌아갔고 은밀하게 계획을 실행하려 했던 제자들도 감옥에 갇히고 말았다.

5월 16일 에도막부는 '과격분자' 쇼인을 에도의 감옥으로 이송하라고 조슈번에 명령했다. 쇼인은 이제 에도에 가면 살아 돌아올 수 없을 것이라고 직감하며 끝까지 "지성"을 다하기로 결심했다. 학생들은 스승의 안위를 걱정하며 뜻을 잠시 굽히고 다음 기회를 기다리자고 권유했지만, 쇼인은 자신의 신념을 쉽게 굽힐 인물이 아니었다. 친지들에게 이별편지를 보내 자신의 뒷일을 부탁했다. 쇼카손주쿠의 학생들은 쇼인의 초상화를 그려서 스승의 모습을 남겨두자고 뜻을 모았고, 어려서부터 그림을 잘 그렸던 마츠우라 쇼도가 감옥에 앉아 있는 쇼인의 초상화를 그렸다.

쇼인은 자신을 그린 8장의 초상화 중 하나에 심정을 남겼다.

'30년간 열심히 노력하며 나라를 지키려 했지만 이제는 고향 사람들도 의견을 받아들여 주지 않는다. 그러나 옛날부터 국가를 위해 목숨을 바치고자 결심하고 지성을 다한 사람에게 감동하지 않은 사람은 없었다. 나는 그런 뛰어난 사람들에게 미치기는 어렵지만, 지성을 다해 그 뒤를 쫓아가겠다.'

그리고 '지성이 없다면 진정한 인물이 될 수 없다', '맹자가 말한 지성이 내 부적이다. 부디 너희도 지성, 이 한마디를 깊이 새겨들으면 좋겠다'라는 말을 남기며 이별을 슬퍼하는 학생들과 작별했다.

감옥에 갇혀있던 죄수들에게도 이별의 시를 써 주고, 5월 중순 죄수용 가마에 실린 채 조슈번을 떠나게 됐다. 쇼인을 옮기는 간수들은 이미 쇼인을 존경하고 있었다. 최대한 친절하고 편안하게 대하며 약간의 자유도 허락해주었는데, 이 마지막 여정에서 쇼인은 약 80여 편의 글을 써서 남길 수 있었다.

6월 24일 에도에 도착하고, 7월 9일 에도막부의 최고법원인 평정소로 끌려갔다. 막부는 처음에는 교토에서 잡힌 지사들과의 관계에 대해 질문했지만, 쇼인은 교토에서 미나베 아키카츠를 암살하려던 계획을 먼저 털어놓았고, 외국과 불평등한 조약을 맺은 이이 나오스케를 과감하게 비판하는 등 '일본을 구해내기 위한' 자신의 생각들을 숨김없이 내뱉었다. 에도막부의 관리들은 쇼인을 요주의 인물로 취급하며 처벌수위를 놓고 고심했다.

몇 년 전에 갇히기도 했던 에도의 덴마초 감옥에서 쇼인은 이미 '유명인사'였다. 죄수는 물론이고 간수들도 쇼인을 특별하게 대우했고, 쇼인은 그들에게 『손자』 등을 강의해 주기도 했다.

30세 쇼인 초상화 ⓒ JAPAN TIMELINE

至誠 요시다 쇼인이 1859년 5월 에도로 압송되기 직전 쓴 글

지성으로 움직이지 않는 사람은 없다.
(至誠にして動かざる者はいまだこれ有らざるなり, 정성껏 사람
에 접하면 마음을 움직이지 않는 것은 이 세상에 없다.)
나는 학문을 해온 지 어느덧 20년, 나이는 서른이다.
하지만 아직도 이 문구의 뜻을 잘 이해할 수 없다.
이제 에도로 끌려가게 되었다.
가능하다면 이 몸으로 이 문장을 증명해 보이고 싶다.
죽느냐 사느냐 하는 것은 생각하고 싶지 않다.

감옥에 면회 온 타카스기 신사쿠에게 '나는 큰일을 이루겠다는 뜻을 품었기에 죽어도 영원히 살 수 있다'라고 말하며 초연한 모습을 보이기도 했다.

───── 쇼인 절필의 글 ─────

10월 27일, 부르는 소리를 들었다.
나는 이 정도(죽음)는 각오를 하고 떠났기에
오늘 그 말을 듣게 되어 기쁘도다.

10월 16일 자신의 죄를 심문한 내용이 빼곡하게 적힌 심문 결과보고서에 토를 달지 않고 서명하며 사형에 처해질 것이라고 직감했다. 친구와 지인 그리고 제자들에게 본인이 죽은 뒤에도 일본을 위해 힘써줄 것을 부탁하는 마지막 편지를 보내고, 그동안의 심경을 적은 유서인 『유혼록(留魂錄)』[72]을 써 내려갔다.

10월 27일 아침, 에도막부의 실권자 이이 나오스케가 서명한 쇼인의 판결서에는 '사형에 처한다'라고 적혀있었다. 그리고 쇼인은 '야마토 타마시(大和魂)'를 외치며 덴마초 감옥에서 형장의 이슬로 사라졌다. 쇼인이 남긴 절명시는 다음과 같다.

───────

72. 『유혼록(留魂錄)』: 요시다 쇼인의 마지막 글. 분실을 우려해 2통을 작성한 뒤 1통은 감옥의 간수에게 부탁해 타카스기 신사쿠에게 전해졌고, 다른 1통은 감옥에서 친해진 죄수에게 부탁했다. 그 죄수는 출옥한 뒤 쇼인의 제자로 카나가와 현령이 된 노무라 야스시를 찾아가 원본을 전달했다. '일본의 정신(大和魂)'를 특히 강조했는데, "몸은 무사시 들판에서 썩어도 세상에 남겨지는 야마토 타마시(大和魂)!"로 글이 시작된다.

"내 몸은 비록 무사시의 들녘에서 썩더라도, 영원히 남겨지는 야마토 타마시![73](일본의 혼)"

요시다 쇼인의 시신은 벌거벗겨진 채로 나무통에 넣어져 임의의 장소에 버려졌다. 시신마저 수습하지 못하게 한 막부의 처사에 격분한 기도 다카요시, 이토 토시스케(이토 히로부미)등 4명의 제자는 겨우 시신을 찾아내어 에도의 동쪽에 있는 에코인(回向院)[74]에 안장하고 묘비를 세웠다.

그 뒤 1862년 쇼인의 제자들은 하기에 있는 요시다 가문의 묘지 터에 쇼인의 머리카락을 담아 묘비를 세웠다. '이십일회맹사의 묘'라고 적힌 이 묘비는 오늘날에도 하기 시가 한눈에 내려다보이는 산 중턱에 보존되어 있다.

---

73. 야마토 타마시(大和魂) : 일본의 혼 혹은 정신을 뜻한다. 일본이 일으킨 태평양전쟁에서 수많은 군인들이 적진을 향해 돌격하며 외치기도 했다.

74. 에코인(回向院) : 1657년 창건된 불교사원, 도쿄의 하키하바라에서 도보로 10분 거리에 있다.

요시다 쇼인의 묘비를 만든 사람들

쿠보 세이타로(久保清太郎)

타카스기 신사쿠(高杉晋作)

구사카 겐즈이(久坂玄瑞)

테라시마 츄사부로(寺島忠三郎)

마에하라 잇세이(前原一誠)

마츠우라 쇼도(松浦松洞)

나카타니 쇼스케(中谷正亮)

후쿠하라 마타시로(福原又四郎)

오카베 토미타로(岡部富太郎)

이토 히로부미(伊藤博文)

시나가와 야지로(品川弥二郎)

이리에 구이치(入江九一)

노무라 야스시(野村靖)

와타나베 고조(渡辺蒿蘆)

마스노 도쿠민(增野德民)

토키야마 나오하치(時山直八)

아리요시 쿠마지로(有吉熊次郎)

* 17명 모두 쇼카손주쿠 학생이었다.

1863년 1월 메이지 천황은 안세이 대옥 때 처형된 사람들의 죄를 모두 사면하는 명령을 내렸다. 타카스기 신사쿠, 이토 히로부미 등은 에도의 에코인에 안장된 쇼인의 유해를 거두어 에도의 대부산 부근으로 이장했다. 그리고 1882년에는 쇼인을 신으로 모시는 신사를 세웠다.[75]

이듬해에는 제자들이 쇼카손주쿠 건물을 보존하기로 뜻을 모아 건물을 수리하고, 쇼인이 10년 동안 사용한 벼루와 마나베 아키카츠를 암살계획이 적힌 문서를 가져다 놓고 쇼인의 혼령을 기리는 사당을 세웠다.

---

75. 도쿄 쇼인 신사(松陰神社) : 도쿄 지하철 쇼인진자마에역으로부터 도보로 5분 거리에 있다.

2장. 요시다 쇼인의 생애 '뜨겁게 불타오른 29년'

에코인의 묘비   하기 시의 요시다 쇼인 묘지1, 2

도쿄 쇼인 신사

    메이지 유신을 이끈 쇼카손주쿠 출신들, 특히 이토 히로부미는 1868년 도쿄 지요타구에 조슈신사(長州神社)를 세우고, 요시다 쇼인과 동문들의 희생을 기렸다. 조슈신사는 1879년 야스쿠니 신사(靖国神社)로 이름을 바뀌어 오늘에 이르고 있다. 한편 1907년 역시 이토 히로부미 등이 앞장서 하기에 쇼인 신사를 건립하기 시작했고, 1955년 최종 완공되어 지금에 이르고 있다. 매년 쇼인의 유해가 이장된 5월 25일과 사형당한 10월 27일마다 큰 제사를 지내고 있다.

오늘날 하기 시의 요시다 쇼인 무덤 옆에는 쇼인과 시게노스케를 조각한 8m 높이의 동상이 우뚝 서 있는데, 쇼인은 하기 시내와 동해 그리고 한반도 방향을 바라보고 있다.

조슈번은 시모노세키에 사쿠라야마 신사를 세우고, 쇼인의 비석을 가장 가운데에 세웠다. 그 양옆으론 쇼인이 아낀 학생 구사카 겐즈이와 타카스키 신사쿠의 비석과 에도막부와의 전쟁에서 조슈번을 위해 몸 바친 약 300여 명의 비석이 있다.

2018년 현재 일본의 정치지도자인 아베 신조 내각총리대신은 야마구지 현(조슈번) 출신인 것을 매우 자랑스럽게 여기는 대표적인 인물이다. 유명한 정치인이었던 자신의 아버지 장례식에서 쇼인의 글을 바탕으로 추모사를 낭독하기도 했다. 총리 재선

하기 시 쇼인동상

시모노세키 사쿠라야마 신사, 가운데가 요시다 쇼인

에 성공한 직후인 2013년 8월 13일에는 쇼인의 묘지를 방문해 무릎을 꿇고 참배하며 '쇼인 선생의 뜻을 충실하게 이어가겠다.'고 다짐했다. 2016년 말 국회에서 쇼인의 '이십일회맹사'이야기를 언급하며 러시아 푸틴 대통령과의 정상회담에 임하는 각오를 밝히기도 했다. 한편, 도쿄의 헌정기념관에 걸린 역대 총리들의 좌우명이 걸려있는데 아베 신조의 좌우명은 쇼인이 그토록 강조했던 '지성'이다. (쇼인의 학생이었던 이토 히로부미의 좌우명도 이와 같았다.)

요시다 쇼인의 목소리는 그의 사후 160여 년이 된 지금까지도 일본 곳곳에서 메아리처 울리고 있다.

요시다 쇼인의 사상

요시다 쇼인의 사상은 에도막부로 대변되는 기존의 패러다임에 한계를 느낀 이들에게 깊은 영감을 주었고, 결과적으로 메이지 유신으로 이어지는 거대한 흐름의 근간이 됐다. 쇼인이 생각하고 주장했던 바를 간략하게 정리하면 다음과 같다.

1. 존왕(尊王) : 천황을 받들자

일본에서 천황은 종교제사를 수행하는 존재였으나 메이지 유신을 기점으로 신격화되어 절대권력을 갖게 됐다. 천황의 존재 근거는 8세기경 만들어진 일본의 서적인 『고사기(古事記)』와 『일본서기(日本書紀)』에 담겨있다.

1192년부터 권력을 쥔 사무라이 집단(가마쿠라 막부)은 통치의 정당성을 확보하기 위해 천황에게 권위를 부여하고 이를 활용했다. 사무라이 집단의 논리는 간단히 말해 '일본은 신이 만들고, 신이 다스리는 나라다. 그 신(천황)을 대신해 사무라이 집단이 정치를 담당한다'로 요약된다.

마찬가지로 사무라이 집단인 에도막부는 개항을 요구하는 서양세력에 제대로 대응하지 못했다. 에도막부에 반감을 가져온 일본의 젊은 사무라이들은 '에도막부를 대신해 천황을 중심으로 뭉쳐 위기를 극복해야 한다'라는 목소리를 높여갔다. 특히 일본의 역사에 신성(神性)을 부여하고 이를 '국체(國體)'라고 규정하고 '천황을 중심으로 하는 일본의 국체를 지키자'라는 내용의 미토학은, 이러한 젊은 지사들의 목소리에 더욱 힘을 실어주었다.

요시다 쇼인을 비롯해 좀 더 국수적인 성향을 가진 이들은 존황에서 조금 더 나아가 '제 기능을 하지 못하는 에도막부를 없애야 한다'라고 주장했다. 서양세력의 침략과 에도막부의 무능함에 맞서, 천황으로 표현되는 일본의 '국체(國體)'를 바로 세우는 것은 요시다 쇼인의 최대과제였다.

'일본은 천황(天朝)의 나라다. 에도막부의 사유물이 아니다.'
'(에도막부의 지도자인) 쇼군은 오랑캐 정벌을 위해 천황이 임명한 직책일 뿐이다. 무능한 에도막부를 없애야 한다.'[76]

쇼인은 250년 넘게 안정적으로 이어져 온 사회체제를 완전히 부정한 것이다. 쇼카손주쿠 학생들과 지인들에게 '에도막부체제는 곧 없어지게 되고, 일본은 (천황을 중심으로 하는) 새로운 국가가 될 것이다. 우리는 새로운 일본을 위해 모든 힘과 정열을 다해야 한다'라고 하며 시대를 반역하는 혁명을 꿈꿨다.

"일본은 사회적 위기가 찾아오면 신화적인 것에 더 큰 의미를 부여

---

76. 『講孟餘話』

해왔고, 그것이 커다란 영향력을 발휘했다"[77]라는 한 연구의 결론처럼, 막다른 골목에 다다른 일본에게 천황은 새로운 시대를 열기 위해 꼭 필요한 존재였고, 쇼인을 비롯한 지사들의 '존왕사상'은 점점 맹목적이며 종교적인 신념으로 굳어졌다. 이 주장에 공감한 많은 젊은이들은 마치 광신도처럼 "존왕"을 외치며 피 흘렸고, 에도막부와 치열하게 다투던 끝에 메이지 유신을 이뤄내게 된다.

2. 양이(攘夷) : 서구세력을 배척하자

당시 고메이 천황은 서양 세력과의 대화와 조약체결 등에 철저히 반대했지만, 서양 세력에게 실질적인 위협을 받은 에도막부는 천황의 뜻을 거스르고 문을 열 수밖에 없었다. 에도막부가 천황의 허가 없이 미국, 러시아 등과 불평등한 조약을 맺은 것은 '존왕파'들로선 도저히 용납할 수 없었고, 그들의 존왕사상은 '양이(攘夷)' 즉, '(일본의 국체를 위협하는) 서구열강을 몰아내자'라는 주장으로 자연스럽게 이어졌다. 이 두 사상은 하나로 엮여 '존왕양이'로 불렸고, 에도막부에 반대하는 사무라이들이 '죽어서도' 가슴에 새겨야 할 구호가 되었고, 사회적인 저항운동으로 발전했다. (메이지 유신은 존왕양이사상으로 인해 촉발되었다고도 볼 수 있다.)

한편 요시다 쇼인은 병학자의 관점에서 서양세력처럼 군사력(해군)을 길러야 한다고 몇 차례 조슈번에 건의하며, '서양을 배

---

77. 安丸良夫 저, 박진우 역, 2008, 『근대천황상의 형성』, 논형, 278쪽(원저 : 『近代天皇像の形成』, 岩波書店, 1992)

워 서양을 이기자'는 입장이었다. 실제로 아편전쟁에서 영국에 무릎 꿇은 청나라의 소식을 통해 '서구 세력에게 맞서는 것보단 일단 한걸음 물러나되, 조선과 만주 등에서 서양세력에게 빼앗긴 이익을 채우며 힘을 길러야 한다'라고 생각했다. 즉, 무조건적으로 서양세력을 배척하자는 것은 아니었다.

그러나 그가 처형당한 뒤 쇼카손주쿠 학생들은 영국 공사관을 방화하고 살인을 저지르는 등 쇼인보다 더 극단적인 방법으로 양이운동을 펼쳤다.

3. 주변국가 정복 / 정한론

존왕양이 사상은 '신의 나라인 일본은 우월한 나라'라는 선민의식[78]과 국수주의[79]적 성향을 그 기반으로 하고 있다. 실제로 요시다 쇼인은 '역성혁명으로 임금이 바뀌는 중국과 달리 일본은 만세일계(萬歲一系)의 천황이 이끌어왔다.', '인민이 있어야 임금이 있다는 중국과 달리 일본은 천황이 있고 인민이 존재한다'라고 하는 등 일본의 우수성을 강조했다. 즉, 일본은 신의 나라이며 독자적이고 우월하며, 신성한 존재인 천황은 세상 어떤 것보다도 앞선다는 것이다. 이런 논리를 바탕으로 쇼인은 필연적으로 '침략'이란 단어를 자주 언급했다. (오늘날 한국과 중국 등이 요시다 쇼인을 다룸에 있어 감정을 배

---

78. 선민의식(選民意識) : 어떤 민족이나 사람들이 자기들만이 우월하다고 생각하는 것

79. 국수주의(國粹主義, Nationalism) : 자신의 국가와 민족이 우월하다는 것을 주장하는 것. 극단적인 민족주의, 자문화 중심주의로도 여겨진다.

제하고 최대한 객관적으로 인식하기 힘든 부분이기도 하다.)

특히 '진구황후가 조선을 정벌했다.'는 이야기가 담긴 『고사기(古事記)』의 내용과 '강대국이 약소국을 정복하는 건 당연한 일'이라는 생각은 주변국가를 정복해야 한다는 논리를 세우는 데 밑거름이 됐다.

에조치(홋카이도)를 개간하고 캄차카(현재 러시아 캄차카 반도), 오호츠크를 탈취하고 류큐(오키나와)도 점령해 그 영주들을 에도로 불러들여야 한다. 또 옛날과 마찬가지로 조선이 일본에 공납을 바치도록 하고, 북쪽으로는 만주 땅을 얻고, 남쪽으로는 타이완, 필리핀(루손)을 손에 넣어 일본의 진취적인 기상을 보여줘야 한다.[80] (소름 돋게도 1940년대 태평양 전쟁 당시 일본제국이 점령했던 지역들과 거의 일치한다.)

오스트레일리아(호주)는 여러 국가가 앞 다퉈 얻으려고 한다. … 만약 일본이 이곳을 손에 넣으면 분명히 큰 이익이 될 것이다. … 조선은 옛날에 일본에 속해 있지만 지금은 거들먹거리고 있다. 원래대로 되돌려 놓을 필요가 있다.[81]

삼한이나 임나 등과는(한반도와는) 땅이 떨어져있지만, 일본과 서로 대치하고 있는 형세이다. 우리가 가지 않으면 저들이 반드시 올 것이고, 우리가 공격하지 않으면 저들이 반드시 습격할 것이니 장래에 예측할

---

80. 吉田松陰, 「幽囚錄」

81. 吉田松陰, 「幽囚錄」

수 없는 근심이 생길 것이다. 따라서 우리가 먼저 (한반도를) 합병해야 하는 것이다. … 도요토미 히데요시는 선각자였다.[82]

쇼인은 특히 조선을 침략하고 합병시켜야한다고 강하게 주장했는데, 그의 제자인 기도 다카요시, 이토 히로부미, 야마가타 아리토모 등은 훗날 이 논리를 메이지정부의 주요 정책으로 발전시켰다. 특히 총리가 된 야마가타 아리토모는 '일본제국의회'의 첫 회의 자리에서 '일본의 이익선은 한반도'라고 주장하며 침략정책을 주도했다.

쇼인의 한반도 정벌론, 소위 말하는 '정한론(征韓論)'은 앞서서도 수차례 언급한 『고사기(古事記)』를 근거로 한다. 『고사기(古事記)』는 21세기가 된 지금까지도 한국인의 치를 떨게 하는 '정한론(征韓論)'의 원형이다. 현대 일본 역사학자 대다수는 『고사기(古事記)』는 사실적인 근거가 거의 없는 '신화'에 불과하다고 분석하고 있다. 하지만 일본의 우익정치세력과 그에 동조하는 사람들에게는 사상적 기반이 되는 문헌이다.

4. 다케시마 개척론

오늘날 일본은 독도를 다케시마라고 부르며, 시마네 현으로 편입시키고 영유권을 주장하고 있다. 시마네 현의 초대 현령인

---

82. 吉田松陰,「外征論」

사이토 에조는 바로 쇼인의 제자, 쇼카손주쿠 학생이었다. 그는 퇴직 이후의 여생을 요시다 쇼인의 유산과 쇼카손주쿠를 보존한 주요인물이었다.

한편, 요시다 쇼인은 메이지 유신 3걸의 한 명인 기도 다카요시에게 「다케시마 개척의견서(竹島開拓の意見書, 1858년 2월 19일)」를 써서 보내는 등 다케시마에 대해 자주 언급했는데, 기도뿐만 아니라 다른 학생들도 다케시마 개척론에 동조했다.

'조선, 만주에 진출할 때 다케시마(울릉도)[83]는 첫 번째 발판이다.'

'영국이 다케시마를 이미 점거했다면 그대로 두면 안 된다. 언제 일본에 쳐들어올지 모른다. 조슈번은 다케시마와 조선을 급선무로 점령해야 한다.(1858년 6월 28일)'

다케시마는 겐로쿠(元祿, 1688~1704년) 시절 조선에 넘겨주었다. 그러나 지금은 대변혁의 시기이므로 조선에게 '섬을 비워두면 무익하므로 우리가 개발해주겠다.'라고 교섭하면 그들도 납득할 것이다. 만약 서양 세력이 다케시마를 점령하면 조슈번으로서는 대단히 큰 위험에 처하게 된다.(1858년 7월 11일)

요시다 쇼인의 침략론, 정한론 그리고 다케시마 개척론은 쇼카손주쿠의 학생으로 총리까지 오른 이토 히로부미, 야마가타 아

---

83. 이 시기에는 울릉도를 가리키던 다케시마는 어느 순간 독도를 지칭하게 됐고 오늘에 이르고 있다.

리토모는 물론이고, 일본 군국주의의 이론이 되는 탈아론[84]과 대동아공영론[85]에도 영향을 주며, 일본의 지도자들이 제국주의적 통치를 발전시키는 데 밑거름이 됐다. 그가 조선, 만주, 홋카이도, 캄차카, 오키나와, 대만, 필리핀, 오스트레일리아에 걸쳐 그렸던 일본의 '큰 그림'이 1940년대 태평양전쟁에서 '잠시나마' 완성된 것은 실로 놀라운 일이다.

5. 초망굴기(草莽崛起) : 먼저 깨달은 민중(초망)이 일어나라

쇼인이 쇼카손주쿠에서 학생들을 가르치던 시기, 밖으로는 서양세력에게 밀리고, 안으로는 에도막부를 지지하는 세력과 존왕양이 세력의 갈등이 심해지고 있었다. 특히 존왕파들을 잡아들이고 가두는 에도막부에 분노하던 쇼인은 더욱 과격하게 자신의 주장을 펼쳤다.

'조슈번이 존왕과 양이를 위해 직접 나서 에도막부와 싸워야한다.'고 계속해서 건의했지만 실제로 에도막부와 전쟁을 일으킬 만한 실력을 갖지 못했던 조슈번은 쇼인을 과격론자로 여기고 듣지 않았다. 쇼인은 어려서부터 읽고 가르친 『맹자(孟子)』의 '초망'을 언

---

84. 탈아론(脫亞論) : 일본의 계몽가이며 우익세력의 뿌리로 여겨지는 후쿠자와 유키치의 주장. 난학에 익숙했던 그는 동양에서 벗어나 서양의 사회문화를 받아들이자고 했다. '일본인은 스스로를 서양인이라고 생각한다.'라는 말이 있을 정도로 일본 사회에 큰 영향을 미쳤다.

85. 대동아공영권(大東亞共榮圈) : '동아시아와 동남아시아 국가들이 일본을 중심으로 서양 열강의 식민 지배를 몰아내고 번영과 평화를 누리자는 일본제국의 논리. 식민지배와 태평양전쟁을 정당화시키는 대표적인 논리다.

급하며, '나 같은 초망(민중)이 일어나야지, 어찌 다른 사람의 힘을 빌리겠는가!', '먼저 깨달은 사람들이 일어서라'라고 주장했다. 즉, 막부와 조슈번에는 더 이상 기대할 것이 없으니, 민초가 들고 일어나라는 것이다. 실제로 에도막부의 관리인 마나베 아키카츠를 암살하려 했다. 비록 이 사건이 핵심적인 발단이 되어 처형당했지만, 그는 죽음을 통해 '초망굴기의 상징'이 되었고, 이후에 일본 전역을 뜨겁게 달군 존왕양이운동과 에도막부 타도운동의 정신적 지주가 되었다.

내가 다른 사람들보다 앞서서 죽는다면 이를 보고 느끼는 것이 있을 것이다. 그것을 느끼지 못한다면 아무리 기다려도 일본에 기회는 오지 않는다. 바로 지금, 반역의 기운에 내가 아니면 누가 불을 지필 것인가? - 某宛, 1859. 1. 11.

살아서 일을 끝마칠 방법이 없고, 죽음으로 사람들을 감동시킬 이치가 있기에 나는 죽음을 원한다. ~ 한 명이라도 죽음으로써 (뜻을) 앞서 보인다면, 살아남은 옛 친구들도 조금은 힘을 내주지 않을까 - 野村和作 宛、1859. 4. 4.

6. 비이장목(飛耳長目) : 하늘 높이 솟아올라 소리를 듣고, 눈을 크게 떠라

쇼카손주쿠의 기둥 한켠에는 비이장목이라 적힌 종이가 걸려있었다. 교토와 에도 등지에서 활동하는 지인과 학생들을 통해 수집한 각종 정보를 붙여놓고, 학생들과 공유하며 세상이 돌아가는 모습을 파악하려 했다. 어려서부터 다양한 지역을 탐방하고 견문을 넓히면서 자연스럽게 '정보마인드'가 체득된 쇼인은 제자들에게도 그것을 가르치려 했던 것이다. 실제로 쇼인의 학생들은 쇼인이 죽은 뒤에도 일본은 물론 해외 곳곳에서 활동하며 모은 정보를 활용하며, 일본을 강대국으로 만드는 데 힘썼다. 훗날 일본군 첩보부대에서도 요원들에게 쇼인의 글을 필독서로 지정하고 '비이장목'을 가르쳤을 정도로 쇼인은 '정보를 손에 쥐면 주도권이 생긴다.'는 감각을 갖고 있었다.

7. 일군만민론(一君萬民論) : 세상은 천황이 지배하고, 그 아래 만민은 평등하다

감옥에 갇혀서도 간수와 죄수들을 상대로 강의를 펼친 쇼인은 '세상을 지배하는 천황 아래의 만민은 모두 평등하다.'고 주장했다. 이는 에도막부가 일본을 지배하는 체제를 부정하고 반역을 꾀하는 논리이기도 했지만, 이 덕분에 이토 히로부미 등 신분이 천해 교육과 출세의 기회를 얻을 수 없었던 학생들도 쇼카손주쿠를 발판으로 성장할 수 있었다. 이 생각은 자칫 '모든 인간은 평등하다.'는 훌륭한 논리로 여겨질 수도 있지만, 천황에 대한 맹목적인 신념과 '일본은 신의 나라다.'라는 선민의식을 기반으로 한다는 사실을 놓쳐선 안 된다.

8. 독립불기(獨立不羈) : 스스로 계획하고 시행하라

쇼인은 탁상공론을 매우 싫어했고, 행동하지 않는 지식을 경멸했다. 또한 무엇에도 구속받지 말고 스스로 계획하고 행동하라고 수없이 강조했다. 자신의 여동생과 결혼시킬 정도로 아낀 구사카 겐즈이에게 '쇼카손주쿠 학생들이 중심이 되어 일본을 위해 행동하라' 하기도 했는데, 쇼인에게 깊은 영향을 받은 그들은 실제로 옛 시대를 반역하고 새로운 시대를 여는데 목숨을 바쳤다.

요시다 쇼인은 천황을 중심으로 뭉쳐 새로운 일본을 세우려 했다. 결기 넘치고 과격한 생각은 결국 그 스스로를 죽음으로 몰고 갔지만, 그는 죽음으로써 시대를 반역하고 신이 되어 혁명을 이끌었고 오늘날에도 살아 숨 쉬고 있다.

9. 요시다 쇼인의 사생관

쇼인이 제자인 다카스키 신사쿠에게 보낸 편지를 통해 쇼인이 삶과 죽음에 대해 어떻게 생각했는지 잘 살펴볼 수 있다.

너(다카스키 신사쿠)는 나에게 이렇게 물었다. "남자다운 남자로서, 언제 죽는 게 좋습니까?" 나는 지난겨울부터 "죽음"이란 글자에 대한 생각이 꽤 깊어졌다. 명나라의 사상가인 이지(1527~1602, 명나라의 양명학자)의 책을 읽은 덕분이다. 그 책을 이야기하자면 끝이 없지만 요점만 말하면 이렇다.

"죽음은 좋아할 것도, 미워할 것도 아니다. 올바르게 살면, 이윽고 마음이 편안해지는 때가 온다. 그때가 바로 죽어야 할 때다."

세상에는 비록 몸은 살아있어도 마음은 죽어있는 사람이 있다. 그 반대로 몸은 없어져도 영혼은 살아있는 사람도 있다. 비록 살아 있어도 마음이 죽어 있으면 아무 의미도 없다.

죽어서 불멸의 존재가 될 수 있다면 언제든지 죽음을 택할 것이다. 또 살아남아 국가의 큰일을 해낼 수 있다고 생각되면 언제든지 살길을 택할 것이다. 삶과 죽음은 "형태"에 불과한 것이지 그 어디에도 얽매이면 안 된다.

21회맹사(二十一回猛士)의 이야기

나는 1830년에 스기(杉) 가문에서 태어난 뒤 요시다(吉田) 가문을 이어받았다. 1854년에 죄를 얻어 감옥에 갇혔는데, 어느 날 꿈에 신이 나타나 "21회맹사(二十一回猛士)"라고 적힌 한 장의 이름표를 내밀었다.

꿈에서 깨어나 생각하니, 스기(杉)라는 글자에 '21'이 있었고, 요시다(吉田)에도 '21'이 있었다.(杉를 분해하면 十, 八, 彡(三) 이 나오고, 모두 합치면 21이 된다. 吉를 분해하면 十一과 口이, 田를 분해하면 口과 十이 된다. 이때 十一과 十을 더하면 21, 二十一이 되고, 남아있는 口과 口을 더하면 回이 된다.)

그런데 내 이름은 호랑이(토라지로寅次郎의 寅를 虎로 해석)다. 호랑이(虎)는 용맹스럽다. 나는 신분이 낮고 몸은 허약하기 때문에 호랑이의 용맹함(猛)을 스승(士)으로 삼고 단련하지 않으면 훌륭한 무사가 될 수 없다.

나는 지금까지 3번을 호랑이처럼 용맹하게 행동했다.(허가증 없이 무단으로 동북지방을 탐방한 것, 사무라이 신분을 박탈당하고도 조슈번주에게 다양한 건의사항을 올린 것, 미국 페리함대에 접근해 밀항을 시도한 것) 죄를 짓기도 하고 비난도 받았으며, 지금은 감옥에 갇혀 움직일 수 없다. 하지만 아직 18번의 기회가 남아있고 그 책임 또한 무겁다.

어쩌면 신은 내가 점점 약해져 큰 뜻을 이룰 수 없을까 봐 걱정하여, 21번의 기회를 주는 것이므로 나는 (좌절하지 않고) 더욱 뜻과 마음을 길러야한다.

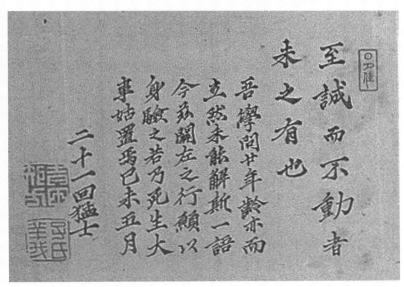

"지성" 을 강조한 쇼인의 글

쇼인 동상

아베 신조

사쿠마 쇼잔 학교 터(2개 중 1개 선택), 안내문(도쿄 주오구)

페리 제독, 페리함대 상륙기념비(전면, 후면), 상륙 기념관(일본 요코스카시 페리공원)

2장. 요시다 쇼인의 생애 '뜨겁게 불타오른 29년'

이탁오

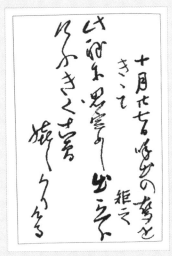

쇼인 절필의 글
1859년 10월 27일, 요시다 쇼인(야마구지현 문서관 소장)

123

덴마초 감옥 터, 덴마초 감옥 모형, 요시다 쇼인 절명지
출처: 도쿄대학교 교양학부 김소연, 2024

도쿄 쇼인 신사, 신사 입구, 쇼인 묘, 쇼인 동상, 쇼카손주쿠 모형

2장. 요시다 쇼인의 생애 '뜨겁게 불타오른 29년'

3

유네스코 세계문화유산,
쇼카손주쿠

쇼카손주쿠

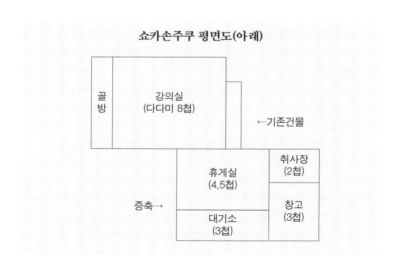

쇼카손주쿠 평면도(아래)

골방	강의실 (다다미 8첩)	←기존건물

	휴게실 (4.5첩)	취사장 (2첩)
증축→	대기소 (3첩)	창고 (3첩)

요시다 쇼인은 그가 가는 곳 어디든 '학교'로 만들어버릴 만큼 재능과 열정을 갖고 있었다. 현대 일본은 도쿄와 하기에 있는 두 개의 '쇼인 신사'에서 쇼인을 숭배하고 있다. 감옥의 죄수와 간수들까지도 감화시키고 교육했던 쇼인을 "학문의 신"으로 모시는 거다.

　　현대 정규교육은 스스로 생각하는 힘을 기르기보다 이미 정해진 답을 요구하고, 고유한 자아가 아닌 누군가에 의해 규정된 자아가 되기를 강요하고 있다는 비판에서 자유롭지 않다. 일본 사회는 개개인의 특성과 자질을 인정하고, 그것을 더욱 길러주고자 했던 요시다 쇼인의 교육철학에서 영감을 얻고 있다. 그중 일부는 조금 더 나아가 "요시다 쇼인은 동양의 페스탈로치다"라고 주장한다. 즉, 교육의 아버지 페스탈로치(Pestalozzi, 1746~1827)[1]와 쇼인을 동등하게 평가하며 칭송하고 있다.

　　한편, 쇼인이 운영했던 개인학교 '쇼카손주쿠'는 일본 역사상 가장 성공한 학교로 주목받는다. 쇼카손주쿠에서 공부했던 학생들 중 2명이 총리(이토 히로부미, 야마가타 아리토모)가 되고, 4명이 장관(마에하라 잇세이, 야마다 아키요시, 노무라 야스시, 시나가와 야지로)이 되어 일본의 근대화를 이끄는 데 크게 기여했기 때문이다.

---

1. 요한 하인리히 페스탈로치(독일어: Johann Heinrich Pestalozzi, 1744~1827) : "(전인)교육의 아버지"라고 불리는 스위스의 교육학자, 사상가. 교육의 목적을 '인간의 본성을 개발하는 것'으로 여기며 인간의 모든 능력(지적능력, 신체능력, 도덕성 등)을 조화롭게 발달시키고자 했다. 그의 교육론은 루소와 함께 신교육의 원천으로 여겨진다.

개인학교의 유행과 역할[2]

　메이지 유신을 비롯해 일본의 근대화과정에서 활약했던 많은 인물들은 어린 시절에 개인학교(사숙)에서 교육을 받았다는 공통점을 갖고 있다.

　에도막부 시기에는 지역에 따라 다양한 사상과 학문, 검법(무사도) 등이 등장했는데, 막부나 번에서 정한 기준을 벗어나지 않으면 누구나 개인학교, 즉 사숙을 세울 수 있었다. 또한 전쟁이 사라져서 더 이상 칼을 들지 않게 된 사무라이들이 자녀교육에 많은 신경을 쓰는 등 사회적인 교육열도 낮지 않았다.

　전국 각지의 학자들은 개인학교를 설립해 학생들을 가르치며 인재를 발굴하고 자신의 후계자를 양성하려 하고, 학생들은 본인이 원하는 선생을 찾아가 배움을 구했다. 개인학교인 만큼 교육에 있어 설립자의 개성과 사상이 반영될 수밖에 없었다. 또한 신분에 차별을 두고 입학 여부를 결정하던 공공 교육기관과 다르게 개인학교는 하급무사와 일반 서민의 자제들도 받아들이는 곳도 많았다. 일종의 학문공동체로도 발전하며 지역사회의 공론을 만드는 역할도 담당하기도 하고, 정치적인 메시지를 강조하며 정치적 결사체로 변모하는 학교도 있었다.

2.　〈근세 말 시주쿠(私塾) 교육의 특징- 데키주쿠(適塾)와 쇼카손주쿠(松下村塾)를 중심으로〉, 이근상, 『일어일문학 32』, 2006. 11

쇼카손주쿠의 역사

요시다 쇼인의 작은아버지 타마키 분노신은 1842년 쇼카손주쿠(松下村塾)라는 개인학교를 세웠다. 쇼인도 어린 시절 형과 함께 쇼카손주쿠에서 공부하며 글자를 익혔다.

1848년에는 친척인 쿠보 고로자에몽이 학교 이름을 물려받고 본인의 집에서 어린 학생들을 가르쳤다. 쿠보의 학교에서는 7~80명이 공부했는데 훗날 쇼인의 제자가 되는 이토 토시스케(이토 히로부미의 어린 시절 이름) 등이 포함되어 있었다.

쇼인은 노야마 감옥에서 풀려난 뒤 1856년 3월경 부터 근신하며 지내던 집에서 강의를 시작했는데, 쿠보의 학생 중에 쇼인을 찾아와 수업을 듣는 경우가 많았다. 감옥에서 인연을 맺은 토미나가가 출옥해 도움을 주고, 쿠보에게서 학교 이름을 물려받아 직접 학생들을 가르치게 되면서 '요시다 쇼인의 쇼카손주쿠'가 시작됐다.

1857년 11월부터 학생들과 함께 쇼카손주쿠 증축을 시작하고 1858년 3월 완공했다. 같은 해 7월에는 조슈번으로부터 개인학교(사숙)의 지위를 공식적으로 인정받았다. 그해 12월에 쇼인이 다시 감옥에 갇힐 때까지 92명의 학생들이 쇼카손주쿠에서 공부했다.

1859년 쇼인이 사형당한 뒤, 전국적으로 존왕양이 운동이 퍼지고 이를 탄압하려는 에도막부 사이에서 혼란이 이어지는 가운데, 쇼카손주쿠는 폐교됐다.

1871년 타마키 분노신이 본인의 집에서 쇼카손주쿠를 다시 열어 학생들을 가르쳤다.[3] 하지만 1876년 마에바라 잇세이 등이 메이지 정부를 상대로 일으켰던 반란에 실패하고 말았는데, 이에 책임감을 느낀 타마키 분노신이 할복자살하면서 다시 폐교됐다.

1880년 쇼인의 친형인 우메타로가 다시 학교를 열었지만, 1890년 메이지 천황의 '교육칙어'에 따라 전국적으로 공립교육이 실시되면서 완전하게 폐교됐다. 1922년 일본정부는 쇼카손주쿠를 국가사적으로 지정했다.[4]

그리고 야마구치 현이 고향인 아베 신조가 총리로 당선된 2009년부터 '일본의 근대산업화 유산'을 명분으로 유네스코 세계문화유산 등재를 추진한 결과, 2015년 7월 쇼카손주쿠는 세계문화유산으로 정식 등재됐다.

---

3. 그의 집과 학교는 쇼인 신사에서 도보로 5분 거리에 보존되어 있다.

4. "건물을 수리하거나 보강하지 않은 채 옛 모습을 온전히 유지하고 있다.", 야마구치 현 사적명승천연기념물조사보고개요(史蹟 名勝 天然 記念物調査報告槪要), 1925년, 야마구치 현청 편찬

학생 구성

쇼카손주쿠의 학생 수에 대해서는 다양한 의견이 존재한다. 한국의 일부 역사학자와 언론인들은 쇼인의 제자가 아닌 사람까지도 쇼인의 제자로 오해하고 있기도 하다.

일본 학자들에 의해 실시된 다양한 실증연구 결과, 쇼인이 노야마 감옥에서 나온 1856년 3월부터 다시 감옥에 잡혀가기 전까지 약 2년 10개월간 가르친 학생은 92명으로 밝혀졌다.[5]

쇼카손주쿠에서 공부한 92명의 신분은 사무라이 73명, 스님 3명, 평민 3명, 타지역(의사) 1명, 미확인 12명으로 나뉜다. 약 80%의 학생이 사무라이 계층이었는데, 공립학교에 입학할 수 없

손주쿠 입학연령(불명확한 19명 제외)

연령	인원(명)	백분율(%)
합계	73	100
10세 미만	2	2.7
10~15	13	17.8
15~20	32	43.8
20~25	15	20.6
25~30	7	9.6
30세 이상	4	5.5

---

5. 『松下村塾の人びと-近世私塾の人間形成』, 海原徹 등

는 최하급계층의 사무라이들이 대다수였다.[6]

당시로써는 파격적이게도 입학 신분의 제약이 없었고, 입학 연령에도 따로 제한을 두지 않았다. 입학 당시의 나이가 알려진 73명의 나이는 9살부터 30대 중반까지 다양했는데, 평균 나이는 18.7세로 학생 대부분이 청소년이었다고 볼 수 있다.

학생 대부분은 1시간 내외로 통학할 수 있는 거리에 살았다. 오전에 강의를 듣고 집에 가서 점심을 먹은 뒤 오후에 다시 오거나, 공립학교인 명륜관이나 다른 개인학교에서 수업을 마치고 오는 경우도 있었다. 다른 지역에서 찾아온 학생 중 일부는 아예 쌀과 생필품 등을 챙겨와 쇼카손주쿠에서 쇼인과 함께 생활하기도 했다.

학생들에게서 따로 교육비를 받았다는 기록은 없지만 학생들이 남긴 글, 편지 등으로 비춰볼 때는 인사치레나 사례 수준의 금전이나 물건이 오간 것으로 추정되고 있다.

---

6. 당시 하기의 인구 23,400여 명 중 30%에 달하는 7,000여 명이 사무라이였는데, 쇼인이 병학사범이고 쇼카손주쿠가 하급 사무라이들의 거주지 근처에 있다는 점 등이 학생구성에 영향을 미쳤다고 볼 수 있다.

3장. 유네스코 세계문화유산, 쇼카손주쿠

수업 방식

강의실

　어린 시절부터 병학사범으로써 학생들을 가르치고, 탐험가의 기질로 일본 전국을 탐방하며 책을 읽고 다양한 사람들과 함께 토론하며 일본의 미래를 논의했던 쇼인은 메이지 유신을 가능하게 했던, '통독의 표본'으로 여겨지기도 한다.

　쇼카손주쿠의 교육에는 이런 쇼인의 삶이 자연스럽게 녹아들었다. 정해진 교과과목이나 시간표는 따로 없었고, 학생의 성향과 나이 그리고 수준에 따라 교재를 다르게 선정했다. 자신이 공부하고 싶어하는 책을 배울 때만 쇼카손주쿠에 찾아오는 학생도 있었다.

　쇼인은 각종 서적의 내용을 일상생활 그리고 일본의 정세 등과 연관 지으며 자신의 사상과 신념을 가르쳤다. 학생들이 각자 주제를 선정하거나 쇼인이 제시한 주제에 대한 생각을 써오는 작문수업도 자주 있었다. 이를테면, 당시 격렬한 논쟁의 대상이었던 미일통상조약에 대해 학생들이 써온 글을 일일이 읽고 첨삭한 뒤, 함께 이야기를 나누며 논의를 심화시켜 나가는 방식이었다. 또한 한 달에 한 번씩은 시를 작성하는 대회를 열어 서로의 재주를 겨루게끔 했다.

교실 밖에서도 수업은 이어졌는데, 방아에 올라 쌀을 찧으며 경전을 암송하고, 학교 주변에 있는 밭에 심은 채소를 보살피며 역사와 정세 등에 대해 이야기하기도 했다. 학생들과 땀 흘리며 수확한 채소로 반찬을 만들어 먹고, 운동신경이 뛰어난 학생들이 사범을 맡아 검술, 수영 등을 가르치게 하는 등 전인적인 교육을 펼쳤다.

한편, 입학에 있어 차별은 없었지만 수업과 토론 등을 통해 학생들의 성적을 상중하 3등급으로 나누고 학업을 장려하기도 했다. 출석확인은 따로 없고 개학이나 졸업 등의 형식에 구애받지 않았다.

학생들과 스스럼없이 의견을 주고받고 끊임없이 토론하며 교학상장(敎學相長)하고 인재를 양성한 쇼인의 교육은 오늘날에도 높이 평가받으며 주목받고 있다.

교육 특색

만 권의 책을 읽어야만, 위대한 사람(천추의 인물)이 될 수 있다. 스스로 노력한 것을 가볍게 여겨야, 만민의 안위를 지킬 수 있다.

　쇼카손주쿠 강의실 기둥에는 학교의 목적을 적은 대나무 조각이 걸려있었는데, 쇼인과 학생들은 이 글귀를 보며 결기를 다졌다.

　이런 비전을 가진 쇼카손주쿠에서 쇼인이 강조한 목표는 두 가지로 압축할 수 있다.

　첫째, 뜻을 세워라(立志)

　둘째, 목숨도 던질 각오를 하고 지성(至誠)으로 실천하라

　그는 학생 각자가 삶의 목적을 세우고, 배움 자체에 머무르

지 말고 시대의 흐름을 살피며 세상을 위해 행동하기를 바랐다. 그리고 먼저 모범을 보이면서 학생들을 가르치려 했고, 학생들이 스스로 생각하고 행동하는 힘을 길러주려 했다. 이를 위해 '왜 공부하는지'에 대해 수시로 물으며 그 목적을 분명하게 일깨워주려 했다.

"무엇을 위해 공부하는가?", "무엇이 되려 하는가?", "무엇 때문에 사는가?" 등 자신만의 고유한 역할을 찾고, 그것을 이루기 위해 지극한 정성으로 몸과 마음을 수련하고, 결국 그 뜻을 실현하는 사람이 되어야 한다고 강조했다.

한 번은 글을 쓰며 조용히 살고 싶다는 학생에게 '글을 쓰는 것도 좋지만 자신의 삶을 한 편의 시로 이뤄냄으로써 일본과 세계에 기여해야 한다'라고 했다. 쇼인에게 진정한 배움이란 탁상공론에 머무는 것이 아니라 실천하는 것이었다. 쇼인은 학생들이 호연지기와 도전정신을 갖고 적극적이고 진취적으로 행동하기를 바랐다. 이런 생각은 학생 자신이 역사 속의 한 인물이 됐다고 가정하고, 그 처지에서 어떻게 생각하고 행동했을지 묻고 토의하는 교육으로 실천되었다.

또한 쇼인은 교육이 불가능한 학생은 없다고 생각하며, '사람마다 현명하거나 어리석을 수 있지만, 각자의 타고난 개성과 잠재력을 기르면 누구든지 훌륭해질 수 있다'라고 믿었다. 그 신념은 쇼카손주쿠의 맞춤형 교육으로 구현되었다. 한편, 학생들이 가업을 이어받아 발전시킴으로써 일본 전체가 올바르게 성장할 수 있다고 강

3장. 유네스코 세계문화유산, 쇼카손주쿠

조하며, 신분에 관계없이 가업을 발전시켜 일본에 기여하도록 요구했다.

명륜관에선 충성, 효도 등의 유교적 범절을 강조하며 스승과 학생의 구분이 엄격했지만, 쇼인은 '예의범절, 규칙 등 형식에 구애받지 않고, 진실된 인간관계를 만들며, (선생과 학생이) 서로를 도우며 힘을 합쳐야 한다'[7]라는 글을 남기는 등 학생들과 동반자로서 함께 배우고 행동하려 했다.

그래서 강의와 토론 이외에도 학생 개개인에게 편지를 써주는 등 긴밀하게 소통했다. 뛰어난 재능으로 쇼카손주쿠의 4대 천왕이라고 불리기도 한 구사카 겐즈이를 본인의 여동생과 결혼시키기도 했다. 또한 지역에서 말썽을 일으킨 불량청소년들을 개별적으로 상담하고 계도하는 등 명망 높은 선생으로 여겨졌다.

이외에도 쇼인은 병학자의 시선으로도 학생들을 가르쳤다. '사람은 땅을 떠나선 살 수가 없기 때문에, 인간 사회를 연구하려면 우선 땅의 학문인 지리를 살펴야 한다'라고 하며, 지도를 활용해 역사/정치/경제를 토의하고 현실감각을 가질 수 있게 했다.

쇼인이 걸어온 삶을 우러러보았던 학생들은 시대의 상황을 폭넓게 보며 민감하게 반응해야 한다는 말을 깊이 새겨들었다. 쇼카손주쿠의 한 기둥에는 비이장목(飛耳長目, 하늘 높이 솟아올라서 세상의 소리를 들으며 눈을 크게 떠야 한다.)이라고 적혀 있었는데, 그 기둥에

---

7. 〈諸生に示す(학생들에게 고함)〉, 1858년

는 다양한 경로를 통해 수집한 정보를 누적해서 기록해 두었다. 학생들은 정보의 중요성을 자연스럽게 깨우치며 생각과 시선의 폭을 넓혀나갈 수 있었다.

── 오늘날의 쇼카손주쿠

세계문화유산인 쇼카손주쿠로 들어가는 입구에는 입지관이 신축되었고, 쇼카손주쿠 건물 바로 앞에는 지성관이 있다. (두 기념관 모두 쇼인의 가르침에서 건물명을 따왔다.)
또한 하기시립박물관에는 쇼카손주쿠의 강의실을 그대로 본뜬 평상이 있는데, 박물관을 찾은 관람객들은 그곳에 앉아 쇼인과 쇼카손주쿠에 관한 동영상을 보며 마치 쇼카손주쿠에서 공부하는 듯한 느낌을 받을 수 있다.

지성관

3장. 유네스코 세계문화유산, 쇼카손주쿠

입지관 2016년 9월 완공

하기시립박물관 - 쇼카손주쿠 강의실을 본 땄다.
전면 게시판이 좌우로 갈라지면 화면이 나타난다.

평가

　짧은 기간에 공식적인 기록을 남기지 않고 많은 학생들이 오고 간 쇼카손주쿠에서 각 인물들 간의 관계를 객관적으로 밝혀내기란 결코 쉬운 일이 아니다. 쇼인의 교육이 학생들의 인생에 얼마나 크게 영향을 미쳤는지를 판단하는 것도 마찬가지다. 그럼에도 불구하고 쇼카손주쿠의 성공과 과실을 평가하는 데 있어, 쇼카손주쿠의 학생들이 어떤 사람으로 성장했는지 살펴보는 것을 하나의 기준으로 삼을 수 있을 것이다.

　약 2년 10개월 동안 쇼카손주쿠를 거쳐 간 학생 대다수는 에도막부 후기에 활발하게 펼쳐진 존왕양이 활동을 주도했다. 그들 중 일부는 에도막부를 무너뜨리기 위해 대결하는 과정에서 목숨을 잃었고, 일부는 살아남아 메이지 유신을 주도하며 일본을 동양의 유일한 제국으로 이끄는 데 크게 힘썼다. 물론 쇼카손주쿠에서의 공부가 인생의 성공으로 이어진 것은 아니지만 총리 2명, 장관 4명 등을 포함해 일본의 영웅으로 여겨지는 22명의 유명인사를 배출했을 만큼 쇼카손주쿠 출신들의 면모는 화려하다.

　메이지 유신 이전에 죽은 20명을 제외하면 30.6%의 학생이 국가지도자와 고급관료가 된 것은 에도막부 시대 일본의 그 어떤 교육기관도 따라올 수 없는 성과이며, 그들이 근현대 일본 건설에 공헌한 실적은 막대하다. 즉, 일본의 교육 역사상 가장 성공한 학교 중 하나로 꼽힌다.

한편으론 일본을 군국주의로 이끈 인물들 중에 여럿이 포함되어 있다. 그런데 오늘날 일본에서 '교육의 신' 요시다 쇼인의 침략 사상과 폭력성 등은 잘 논의되지 않는 현실이다. 위대한 교육가, 사상가로 미화되며 그의 모든 주장이 '일본을 위하는 것'으로 합리화되는 경향이 있다. 일본의 침략주의에 의해 비극을 겪은 국가들은 이렇게 쇼인이 미화되는 현실에 대해 거북함을 느낄 수밖에 없다. 요시다 쇼인과 쇼카손주쿠에 대한 이해가 쉽게 이뤄지지 않고 자칫하면 감정적인 판단으로 빠지기 쉬운 이유이기도 하다. 교육의 성패와 명암을 모두 아우르기 위해선 예찬과 미화의 껍데기를 벗겨내는 것, 감정의 굴레에서 벗어나 객관적으로 관찰하는 것 모두 중요하다.

한반도에 많은 상처를 남기기도 했던 인물들의 스승, 요시다 쇼인의 쇼카손주쿠는 2015년 7월 세계문화유산으로 등재되었고, 지금은 "세계인류가 기억하고 후대에 물려줘야 할 자랑스러운" 문화재로써 보존되고 있다.

요시다 쇼인의 어록

쇼인의 어록만을 모아둔 서적과 스마트폰 어플리케이션이 따로 있을 정도로 쇼인은 명언을 많이 남겼다. 아래에 짤막하게 쇼인의 주요어록을 소개한다. 그 외에 쇼인 신사 홈페이지에서도 쇼인이 했던 말을 확인할 수 있다(요시다 쇼인 주요 어록 https://showin-jinja.or.jp/about/goroku/).

"어떤 일이라도 먼저 뜻을 세워라, 뜻을 세우는 것이야말로 모든 것의 근본이다."

"뜻을 세운 사람은 그 뜻을 이루기 위해 죽어도 개의치 않을 각오를 해야 한다."

"지성(至誠)으로 최선을 다하면 이루지 못할 게 없다."

"인간으로 태어난 이상 동물과는 달라야 한다. 도덕을 알고도 행동하지 않으면 인간이라 할 수 없다."

"사람은 능력의 차이는 있을지라도, 누구에게나 자기만의 장점(특기, 소질)이 있다. 그것을 잘 살리면 누구나 훌륭한 인간이 될 수 있다."

"국가와 세계에 기여하는 인간이 돼라."

"사회에 도움이 되지 않는 것은 학문이 아니다"

"자신의 개인적 욕망을 위해 일하는 자는 소인배다. 도(道)를 행하려고 마음먹는 자가 대인배다."

"대업(大業)을 이루려거든 오래 살아야 하지만, 죽음으로써 뜻(志)이 유지된다면 어디서, 언제 죽어도 아깝지 않을 것이다."

"학문을 아는 것도 중요하지만 이를 실행하는 것이 더 중요하다. 방에 앉아 시를 짓는 것만으론 뜻을 펼칠 수 없다. 각자의 일생을 한 편의 시로 만들어가야 한다. 구스노키 마사시게(일본의 전설적인 사무라이)는 한 줄의 시도 쓰지 않았으나, 그의 일생은 그대로 비길 데 없이 크나큰 시가 아니었는가!"

"자신에게 진정한 뜻이 있다면 그 외의 것은 사소해진다."

"학문이란 어떤 인간이 될지, 어떻게 살아야 할지를 배우는 것이다."

"나의 진정한 마음은 오직 신만이 알고 있다."

"지금의 정세는 막부도 제후도 해결할 수 없다. 재야의 사람들이 일어서는 것 말고는 방법이 없다."

"몸은 무사시 땅(지명)에 완전히 썩더라도 내가 나라를 생각하는 영혼은 영원히 썩지 않고 세상에 간직되면 좋겠다."

"많은 책을 읽고 인간으로서의 삶을 배우지 않으면, 후세에 이름을 남기는 훌륭한 사람이 될 수 없다."

"자신이 할 일에 노력을 아끼지 않고 일하지 않으면 많은 사람을 위하는 훌륭한 인간이 될 수 없다."

"이대로 유폐된 채 죽더라도 나는 우리의 뜻을 계승하는 인재를 후세에 남기고 싶다."

"마츠모토 마을(쇼카손주쿠)은 촌구석에 불과하지만, 반드시 일본의 뼈대를 이루게 될것이다."

"옛날부터 누가 공적이 있고 없음을 생각하고 충의를 실천했는가? 세상 돌아가는 상황을 보고 참을 수 없으니, 전후 사정을 돌아보지 않고 충의를 결행하는 것 아닌가."

쇼카손주쿠 교재(곤여도식-세계 지리, 정치, 경제, 군사 지식 습득)

4

쇼카손주쿠의 학생들
'일본의 새싹'

일본의 새싹

일본의 새싹

쇼카손주쿠에서 요시다 쇼인에게 가르침을 받고, 함께 호흡했던 주요인물들의 삶을 간략히 살펴보는 것은 요시다 쇼인과 쇼카손주쿠를 비춰볼 수 있는 하나의 방법이기도 하다.

물론 쇼카손주쿠에서의 교육으로 모든 학생이 성공을 이룬 것은 아니지만, 일본의 국가지도자인 내각총리대신이 된 이토 히로부미, 야마가타 아리토모 그리고 메이지 정부의 장관이 된 마에하라 잇세이, 야마다 아키요시, 노무라 야스시, 시나가와 야지로 등을 포함해 30.6%[1]의 학생이 정치, 경제, 국방, 외교, 법률, 사회 등 각계에서 지도적인 인물이 된 것은 일본의 어떤 교육기관도 넘보기 힘든 성과였다.

그런데 오늘날 한국에서는 저명한 역사학자조차도 쇼인의 학생이 아닌 인물들을 쇼인의 제자로 착각하는 우를 범하고 있다. 대표적으로, 이태진 서울대 국사학과 명예교수이자 전 국사편찬위원장의 2017년 5월 16일 서울신문 인터뷰에는 "쇼카손주쿠에서 육성한 1세대 제자들이 … 명성황후를 시해한 미우라 고로(三浦梧楼, 1847~1926), 초대 조선총독 데라우치 마사타케(일본어:寺內正毅, 1852~1919) 등이다."라고 언급되어 있다. 애석하게도(?) 쇼카손주

---

1. 메이지 유신 이전에 죽은 20명 제외

쿠와 관련된 기록 어디에서도 그 둘의 이름을 찾아볼 수 없다. 한국의 저명한 학자 중 한 분도 이렇게 오류를 범하는 것이 한국 역사의 현주소이기도 하다. 진정한 지피지기는 여전히 먼 나라의 일인 걸까?

요시다 쇼인의 학생 중 일부는 일본이 제국으로 성장하는 50여 년 동안 시대의 주역으로 활동하며 동아시아의 역사에 큰 영향을 끼쳤다. 특히 이토 히로부미, 야마가타 아리토모 등 많은 인물들의 행적은 조선의 운명과도 직결되었다.

쇼인이 사형당한 뒤 쇼카손주쿠 학생들은 단합하고 연합하며 존왕양이 운동을 주도했다. 특히 메이지 유신의 영웅으로 여겨지는 이노우에 가오루[2], 사카모토 료마, 사이고 다카모리 등과 긴밀하게 인연을 맺으며 메이지 유신을 이뤄내는 데 결정적으로 기여했다. 비록 에도막부와의 다툼 속에 20여 명의 우수한 학생들이 어린 나이에 세상을 떠나고 메이지 유신의 과정에서 서로 갈등을 겪기도 했지만, 일본의 새싹이었던 쇼카손주쿠의 학생들은 거목으로 자라났다. "마츠모토 마을(쇼카손주쿠)은 촌구석에 불과하

---

2. 오늘날 한국에서 요시다 쇼인을 언급한 몇몇 책에서는 이노우에 가오루(井上馨, 1836~1915)를 쇼카손주쿠의 학생으로 여기고 있지만 사실과 다르다. 조슈번 출신이고 명륜관에서 공부하며, 쇼인에게 간접적인 영향을 받았고, 쇼카손주쿠 출신 인물들과 긴밀하게 교류했지만 쇼인에게 직접적인 학생은 아니었다. 한편 메이지 유신을 이끌어낸 이노우에 가오루는 김옥균, 서광범, 윤치호, 유길준 등의 조선 청년들을 도와주고, 강화도조약, 한성조약 등을 주도하며 조선을 식민지로 만들어간 인물이다.

지만, 반드시 일본의 뼈대를 이루게 될 것이다"라는 쇼인의 예언이 그 대로 들어맞았다고 볼 수 있다. 이제, '일본의 뼈대'로 성장한 새 싹들의 삶을 간략하게 만나보려 한다.

다카스기 신사쿠(高杉晉作, 1839~1867)
: 쇼카손주쿠 4대 천왕[3], 조슈번 군사지도자, 메이지 유신 성공에 기여

조슈번의 명륜관을 거쳐 1857년 9월부터 쇼카손주쿠의 학생 이 되었다. 특출난 재능으로 요시다 쇼인의 수제자가 됐고, '쇼카 손주쿠 4대 천왕'의 한 명으로 여겨졌다. 1858년 7월부터 에도에

---

3. 쇼카손주쿠 4대 천왕 : 다카스키 신사쿠, 구사카 겐즈이, 이리에 쿠이치, 요시다 에이타 로 등 쇼인이 특별히 아낀 4명을 말한다. 하지만 그들은 에도막부를 반대하는 투쟁을 진행하던 중에 메이지 유신의 성공을 보지 못하고 모두 사망하고 말았다.

서 유학하는 동안 조슈번과 쇼카손주쿠에 많은 정보를 전달하며 정세를 알렸고, 쇼인이 에도로 끌려와 사형당하기 전까지 감옥을 찾아가 면회하기도 했다.

쇼인이 죽은 뒤에는 조슈번의 군사훈련을 지휘하는 등 20대 중반의 어린 나이에도 불구하고 큰 영향력이 발휘했다. 구사카 겐즈이 등과 함께 쇼인의 스승인 사쿠마 쇼잔을 찾아가 친분을 쌓고 조언을 얻기도 했다. 1862년 청나라로 가는 에도막부의 외교사절을 수행해 상하이에서 약 11개월 동안 머물렀는데, 이때 청나라가 서양의 식민지로 전락하는 모습에 충격을 받았다. 힘을 기르지 않으면 일본도 식민지가 될 수 있다고 생각하며, 쇼카손주쿠 동문들이 주도하던 존왕양이 활동에 참여해 이토 히로부미 등과 영국공사관을 불태워버리는 등 서양세력은 몰아내기 위해서라면 과격한 행동도 서슴지 않았다.

1863년 1월 에도에서 이토 히로부미 등과 요시다 쇼인의 유골을 이장할 때는 에도막부의 지도자(쇼군)만이 다닐 수 있는 다리를 지키던 경비병을 걷어차고 다리를 건넜다는 일화도 있다. 이러한 그의 과격함이 에도막부의 보복으로 이어질까 봐 노심초사한 조슈번은 강제로 그를 소환하기도 했다.

신사쿠는 사무라이 계급이 군대를 독점해 온 관행과 달리 신분에 상관없이 누구라도 입대할 수 있는 기병대(奇兵隊, 기헤이타이)를 창설하고 스스로 대장이 되었다. 시모노세키 앞바다에서 서양 군함의 공격에 무참하게 패배한 조슈번은 다카스기 신사쿠에게 평화교섭을 맡기고, 군사제도를 개혁하도록 지시했다. 그는 서구의 기술을 받아들여 기병대를 최신식 소총부대로 개편하고, 외세를 몰아내는 것보다 에도막부를 타도하는 것에 역량을 집중했다.

한편, 1865년 에도막부는 반기를 든 조슈번에 군대를 보내 공격해왔는데, 신사쿠는 이토 히로부미, 야마가타 아리토모, 이노우에 가오루 등과 함께 군사를 이끌고 에도막부의 공격을 물리쳤다.(제1차 조슈 정벌) 에도막부는 이듬해 다시 군대를 보냈지만 신사쿠가 이끄는 조슈번의 저항을 이겨낼 수 없었다.(제2차 조슈 정벌) 연이은 공격에도 조슈번을 정복하지 못한 에도막부의 권위는 땅으로 곤두박질쳤고, 이를 지켜보던 사쓰마 번(薩摩藩)[4]은 그동안 대립해왔던 조슈번과 손을 잡고 (삿초동맹 - 이때 사카모토 료마가 결정적인 역할을 했다.) 에도막부를 몰아내는 데 성공하고 메이지 유신을 함께 이끌게 됐다. 하지만 다카스키 신사쿠는 메이지 유신의 성공을 눈앞에 둔 1867년, 폐결핵에 걸려 28세의 나이로 사망했다.[5]

요시다 쇼인은 신사쿠에 대해 "식견과 기백에 있어 최고다. 밝고 긍정적인 성격에, 신념이 확고하다"라는 평가를 남겼다.

---

4. 사쓰마 번(薩摩藩) : 지금의 가고시마 현. 조슈번과 함께 메이지 유신을 이끌었다. 현대 정치에서 그 지역을 대표하는 인물은 고이즈미 준이치로 전 일본 총리의 아버지인 고이즈미 준야 등이 있다.

5. 기병대는 쇼카손주쿠 동문이자 부하였던 야마가타 아리토모가 지휘권을 이어받았고, 메이지 정부가 일본 제국육군을 창설하면서 1870년 해체됐다.

4장. 쇼카손주쿠 학생들 '일본의 새싹'

요시다 쇼인이 가장 아끼고 쇼인의 뜻을 이뤄내기 위해 온몸을 바친 그는 오늘날에도 일본의 '영웅'으로 비춰지고 있다. 유명한 소설가인 시바 료타로가 쓴 작품을 포함해 6편의 소설, 16편의 영화/드라마/만화, 7편의 연극, 다양한 게임의 캐릭터 등으로 그의 삶은 끊임없이 재생산되고 있다. 특히 시모노세키에서는 그의 행적을 다룬 관광코스를 접할 수 있다.

구사카 겐즈이(久坂玄瑞, 1840~1864)
: 쇼카손주쿠 4대 천왕, 존왕양이 운동의 선구자

채 15살도 되기 전에 부모와 형이 잇달아 세상을 떠나면서 가업(의사)을 이어받았다. 조슈번의 여러 개인학교에서 글을 배우고 의술학교에서 공부하며 요시다 쇼인의 명성을 전해 들었다. 1856년 규슈지역을 유학하던 중에 구마모토를 들렀는데, 쇼인과

동북지방을 여행했던 미야베 테조를 만나고 나서 크게 감명받았다. 하기로 돌아오자마자 곧바로 요시다 쇼인을 찾아가 제자가 됐고 뛰어난 재능을 주목받으며 쇼카손주쿠의 4대천왕으로 여겨졌다. 쇼인은 그를 '천하의 영재', '도량이 넓은 군자'로 평가하고 다카스키 신사쿠에게 '어떤 일이 있어도 겐즈이의 재능을 놓쳐서는 안 된다.'고도 했다. 게다가 쇼인은 본인의 여동생을 겐즈이와 결혼시키며 가족의 연을 맺었다.

에도에서 난학과 병학을 배우며 유학하는 동안 점점 과격해지는 쇼인과 갈등을 겪고, 1859년에는 쇼인이 절교를 선언하기에 이르렀지만, 몇 달 뒤 쇼인이 에도로 끌려가기 직전에 다시 관계를 회복할 수 있었다. 쇼인이 처형된 뒤에는 동문들과 함께 혈서를 쓰고 존왕양이 운동을 주도적으로 이끌었고, 사카모토 료마(坂本龍馬, 1836~1867)[6]와도 긴밀하게 교류하며 에도막부의 시대를 끝내기 위해 노력했다. 신사쿠 등과 함께 동북지방으로 쇼인의 스승인 사쿠마 쇼잔을 찾아가기도 했다. 1862년 6월 이토 히로부미 등과 에도막부의 관리를 암살하려 하고, 12월 영국 공사관 방화도 주도했다. 그는 '풀뿌리지사들이 힘을 합치는 것 말고는 난

---

6. 사카모토 료마(坂本龍馬, 1836~1867) : 도사 번 출신의 무사 및 사업가. 존왕양이파로 활동하며 무역회사를 세웠다. 사쓰마번과 조슈번의 동맹을 주선하고, 막부를 대신해 천황이 권력을 지닐 수 있도록 노력하며 메이지 유신에 큰 공을 세웠다. 메이지 유신 직전에 교토에서 암살당했다. 시바 료타로의 소설 《료마가 간다》가 출판된 이후 일반인들에게도 널리 알려졌다. 시대의 변곡점에서 보여준 모습은 많은 이들에게 영감을 주며, 소프트뱅크의 손정의 회장이 존경하는 인물로도 잘 알려져 있다. 요시다 쇼인과 직접적인 인연은 없으나 쇼인의 제자들과 긴밀하게 협력하고, 다양한 사람들에게서 쇼인에 대한 이야기를 들으며 간접적인 영향을 받았다.

세를 극복할 수 있는 방법이 없다.'라며 쇼인의 '초망굴기'를 행동으로 옮겼다. 전국 각지를 오가며 막부타도와 양이를 위해 힘썼지만, 1864년 6월 금문의 변(禁門の変)[7]에서 총에 맞아 부상을 당한 뒤 할복자살하며 25세의 짧은 생을 마감했다.

쇼인은 그를 "조슈번의 최고 인재, 천하의 영재다. 틀에 얽매이지 않고 자유자재로 재능을 발휘한다."라고 평가했고, 메이지 유신 3걸의 한 명인 기도 다카요시는 '조슈번의 인물들이 모여 있던 쇼카손주쿠에서 구사카 겐즈이 만한 사람은 없었다.'라고 그를 평가했다. 훗날 국가지도자가 된 이토 히로부미는 다카스키 신사쿠와 구사카 겐즈이에 대해 "그들은 나와 비교하는 것 자체가 힘들 만큼 천하의 인재였다"라는 평가를 남겼다.

이리에 쿠이치(入江九一, 1837~1864)
: 쇼카손주쿠 4대 천왕, 존왕양이 활동가

남동생은 노무라 야스시, 여동생은 이토 스미코(훗날 이토 히로부미의 첫번째 부인)다. 1857년 동생이 먼저 쇼카손주쿠에서 공부를 시작했지만 본인은 생계유지에 신경쓰느라 함께 다니지 못

---

7. 금문의 변(禁門の変) : 1864년 교토에서 벌어진 무력 충돌 사건. 1863년 8월 막부와 그 지지세력에 의해 교토에서 추방당한 조슈번 세력이 군사를 일으켜 시가전을 벌였다. 수적열세에 있던 조슈번 세력이 패배했고 존왕양이파는 지도자 대부분을 잃고 세력도 크게 위축됐다. 이후 에도막부는 제1, 2차 조슈 정벌을 단행했지만 조슈번이 승리했고, 1866년 사쓰마 번과 동맹을 결성하고(삿초동맹) 에도막부를 타도하게 되면서 메이지 유신을 이뤄냈다. 금문(禁門)이란 황궁 주변을 비유하는 명칭이며, 교토 시내에서 약 3만 가구가 불타 없어질 정도로 큰 사건이었다.

했고, 동생을 통해 어깨너머로 공부하다가 1858년에야 쇼카손주 쿠에 들어갔다. 실제로 요시다 쇼인에게 배운 건 1개월 정도지만 짧은 시간에 쇼인에게 인정받았고, '쇼카손주쿠 4대 천왕'의 한 명으로 꼽혔다.

쇼인이 지사들을 탄압하던 에도막부의 관리 마나베 아키카 츠를 암살하려 할 때, 이들 형제만큼은 끝까지 쇼인의 뜻을 따랐 다. 쇼인이 감옥에 갇힌 뒤에도 지시를 따라 암살을 실행하려 했 지만, 결국 실패하고 조슈번의 이와쿠라 감옥에 갇혔다. 쇼인이 처형되고 반년이 지나서 석방되었고, 쇼카손주쿠 동문들의 존왕 양이 활동을 도우며, 다카스키 신사쿠가 창설한 기병대에서 참모 로서 활동했다.

1864년 교토에서 구사카 겐즈이가 할복하기 직전에 준 편지 를 들고 몸을 피하던 중에 적군의 창에 얼굴을 찔려 28세의 나이 로 사망했다. 훗날 기도 다카요시, 오무라 마스지로 등은 쇼인의 뜻을 이루기 위해 헌신한 이리에 쿠이치를 기려 시모노세키, 교 토, 도쿄(야스쿠니 신사) 등에 위패를 봉안했다.

요시다 에이타로(吉田栄太郎, 1841~1864)
: 쇼카손주쿠 4대 천왕, 존왕양이 활동가

쇼카손주쿠에서 요시다 쇼인에게 '말수가 적고 눈빛이 날카 로운 소년'라는 평가를 받으며 글과 검술을 배웠다. 재능이 뛰어 나 '쇼카손주쿠 4대 천왕'의 한명으로 여겨지고도 했다.

쇼인이 사형당한 뒤 다카스키 신사쿠의 기병대에 참가하는 등 동문들과 존왕양이 활동에 힘쓰던 중 1864년 6월 이케다야 사건(池田屋事件)[8]에 휘말려 24세의 나이로 사망했다. 교토, 하기, 시모노세키, 아사히 등에 그의 묘지가 있다.

다카스키 신사쿠는 "방 안에 에이타로가 있다면 야마가타 아리토모는 그 문 앞에 설 수조차 없다", 시나가와 야지로는 "에이타로가 살아있다면 총리나 장관이 됐을 것", 이토 히로부미는 "그와 나를 비교하는 자체가 힘들 정도로 천하의 인재였다"라고 평가할 정도로 쇼카손주쿠 학생들 사이에서도 뛰어난 재능을 갖고 있었다.

기도 다카요시(木戸孝允, 1833~1877)
: 쇼인의 명륜관 제자, 메이지 유신 3걸[9]

원래 이름은 가쓰라 고고로(桂小五郎)이며, 1849년 명륜관에서 요시다 쇼인에게 병학을 배웠다. 어려서부터 시를 좋아하고 잘 지어서 14살 때는 번에서 상을 받기도 했다. 쇼인은 그의 일생을 결정하게 되는 중요한 말을 했다. "학문도 중요하지만 알고 있는 것을 실행하는 것이야말로 사나이의 길이다. 물론 시도 좋지만 서재에서 시만 쓰고 있는 건 부질없는 일이다. 자신의 인생을 한 편의 시로 만

---

8. 이케다야 사건(池田屋事件) : 1864년 7월 8일 교토의 치안을 담당한 조직이 교토의 이케다야(池田屋)에 잠복해있던 존왕양이파를 습격한 사건. 조슈번을 대표하던 인물들이 살해됐고, 메이지 유신이 1년 늦춰졌다고 평가되는 사건.

9. 메이지 유신 3걸 : 메이지 유신을 이끈 영웅 3명을 지칭. 조슈번의 기도 다카요시, 사쓰마 번의 사이고 다카모리와 오쿠보 도시미치

(엄밀히 따지면 쇼카손주쿠의 학생은 아니지만, 쇼인과 쇼카손주쿠 학생들 거의 모두와 워낙 깊은 관계를 맺은 인물이다)

드는 것이 더 중요하다. 구스노키 마사시게(일본의 전설적인 사무라이)는 한 줄의 시도 쓰지 않았지만 그의 인생이야말로 어디에도 비길 바 없는 서사시가 아니었느냐."

쇼카손주쿠 학생들은 기도를 형으로 모시며 깊은 인연을 맺었고, 존왕양이운동의 지도자로서 활동했다. 특히 청년 시절에는 에도에서 무술을 익히기 위해 유학하며 두 살 어린 사카모토 료마와 깊은 인연을 맺었다. 이 인연은 1866년 기도가 조슈번의 대표로, 사쓰마 번과 동맹을 맺고 메이지 유신을 성공시키는 데 결정적인 역할을 하게 됐다.(일본의 역사를 만든, 핵심적인 인연이라 해도 과언이 아니다.)

한편, 기도는 이토 히로부미 등과 요시다 쇼인의 유골을 옮기는 데에도 함께했다. 메이지 유신 이후 천황의 교육을 담당하는 한편 정부고위직책을 두루 거치며 정치, 교육, 외교, 사법 등의 정책을 수립했다. 조선과 강화도조약을 맺은 이후에는 요시다 쇼인처럼 한반도를 정벌해야 한다고 주장하는 한편, 내부 권력 다툼에 의해 밀려나기도 했다. 1874년에는 대만정벌에 반대하며 요직에서 물러난 뒤 이토 히로부미 등과 함께 헌법을 제정하기 위해 힘썼지만 건강이 나빠져 1877년 45살의 나이로 사망했다.

타당한 이유 없이 조선을 침략하자는 게 아니다.
'일본의 우월한 국가정책을 조선에 베풀어야 한다.'는
보편적이고 논리적인 근거를 말하고 싶을 뿐이다.
– 1869년 7월의 일기 중

노무라 야스시(野村靖, 1842~1909)
: 내무대신[10], 체신대신[11]

형은 이리에 쿠이치, 동생은 스미코(훗날 이토 히로부미의 첫 번째 부인)다. 형은 이리에 가문을 잇고, 본인은 친척인 노무라 가문의 성을 이어받았다. 1857년 쇼카손주쿠에서 존왕양이 이론에 심취했고, 형과 함께 감옥에 갇힌 쇼인을 따르다가 이와쿠라 감

---

10. 내무대신(內務大臣) : 경찰·치안·위생·지방자치 등을 총괄하는 부서의 장관으로 일본 내각의 2인자

11. 체신대신(遞信大臣) : 우편, 전신, 통신 등을 총괄하는 부서의 장관

옥에 갇히고 말았다. 쇼인이 사형당한 뒤에 풀려나 동문들의 존
왕양이 활동을 도왔고 영국 공사관 방화, 제1, 2차 조슈정벌에서
활약했다.

　메이지 유신 이후 이와쿠라 사절단(岩倉使節団)[12]의 일원으로
서 해외 곳곳을 다니며 견문을 넓히고 돌아와 1876년 카나가와
(神奈川県) 현령[13]이 됐다. 이때 쇼인이 죽기 직전에 쓴『유혼록』의

---

12. 이와쿠라 사절단(岩倉使節団) : 1871년부터 약 2년간 미국과 유럽을 순방한 사절단으
　　로 전권을 위임받은 이와쿠라 토모미의 이름을 따 이와쿠라 사절단이라 불리고, 12개
　　국 구미 시찰단으로도 불린다. 에도막부가 서구국가들과 맺은 불평등조약을 재협상
　　하고, 정치, 경제, 군사, 과학, 교육, 문화, 사회 등 분야별로 정보를 수집해 일본의 근
　　대화를 앞당기는 임무를 수행했다. 1871년 12월 23일 요코하마 항을 출발해 미국(8개
　　월), 영국(4개월), 프랑스(2개월), 벨기에, 네덜란드, 독일(3주), 러시아(2주), 덴마크,
　　스웨덴, 이탈리아, 오스트리아, 스위스 등 12개국을 방문했다. 귀국길에는 서구의 식
　　민지가 된 아시아 각국도 방문했다. 정부 주요인물들이 서양 문명과 사상을 접하고 각
　　국가의 통치형태를 비교 체험한 경험은 일본의 발전에 큰 영향을 미쳤다. 사절단을 따
　　라 간 유학생들이 훗날 각 분야에서 활약하여 일본의 근대화에 크게 기여했다. 사절단
　　에는 이토 히로부미, 노무라 야스시, 야마다 아키요시 등 쇼카손주쿠 출신들도 대거 포
　　함됐다.

13. 카나가와 현(神奈川県) : 도쿄 도 남쪽에 있는 현으로 요코하마 시에 현청이 있다.

　　　　　　　　　　　4장. 쇼카손주쿠 학생들 '일본의 새싹'

원본을 지니고 있던 누마자키 키치고로(沼崎吉五郎, ?~?)[14]에게 『유혼록』을 전달받고 눈물 흘리기도 했다.

이후 체신차관, 추밀원[15] 고문관, 주프랑스 공사 등 고위 직책을 지내고, 1894년 이토 히로부미 내각의 내무대신이 됐고, 이듬해 도쿄를 독립행정구역으로 분리시켰다. 1896년 체신장관을 지낸 뒤, 황실의 업무를 다루다가 1909년 68세로 사망했다. 그는 도쿄의 쇼인 신사에 자신을 묻어달라는 유언을 남겼다.

마츠우라 쇼도(松浦松洞, 1837~1862)
: 요시다 쇼인의 초상화를 남김. 존왕양이 활동가

물고기를 파는 상인의 아들로 태어난 뒤 1856년 쇼카손주쿠에서 요시다 쇼인에게 가르침을 받고 1858년 에도에 갔다. 미국에 건너가 공부하고 싶어했지만 쇼인이 '막부를 타도하는 게 우선이기에 아직은 해외에 갈 때가 아니다'라며 반대해 뜻을 접어야 했다. 어려서부터 그림을 잘 그렸고 1859년 쇼인이 에도로 이

---

14. 누마자키 키치고로(沼崎吉五郎, ?~?) : 후쿠시마 번의 관리. 1859년 쇼인은 사형당하기 직전에 쓴 『유혼록』을 훗날 조슈번 사람(쇼카손주쿠 학생)에게 전해줄 것을 부탁했다. 1876년 카나가와 현령인 노무라 야스시를 찾아와 원본을 전달했다. 그 원본은 하기 시의 쇼인 신사에 남아 있다. 한편, 누마자키 키치고로에 대해 전해지는 기록은 없다.

15. 추밀원(枢密院) : 중요한 국무와 황실의 일에 대해 천황에게 자문하는 기관으로 이토 히로부미가 주도하여 만들었고, 마흔 살 이상의 공로자 중에서 의장/부의장과 고문관 등 약 15명으로 구성되었다. 훗날 정부와 의회 사이에서 천황을 보필하는 임무를 도맡았다. '짐은 원훈과 실력 있는 사람을 뽑아 국무를 자문하고 짐을 선도하고 보좌하는 힘에 의지할 필요가 있어 추밀원을 설치하여 최고 고문기관으로 삼으려 한다.' - 『메이지천황기 제7권』 p.50

쇼인 초상화 ⓒ JAPAN TIMELINE, 쇼도 탄생지- 쇼카손주쿠 바로 앞

송되기 직전에 초상화를 그렸다. 쇼인이 사형당한 뒤 동문들과 존왕양이 활동을 하던 중 에도막부를 지지하던 조슈번의 관리 나가이 우타(長井雅楽, 1819~1863)를 암살하려다 실패하고 할복자살하며 26세의 짧은 생을 마감했다. 쇼카손주쿠의 학생들 중에 가장 먼저 세상을 떠났다.

마에하라 잇세이(前原一誠, 1834~1876)
: 메이지 유신 10걸, 국방차관

어려서부터 조슈번의 여러 개인학교에 다니며 글자를 배우다가 1857년 10월 쇼카손주쿠에 들어왔다. 맏형의 역할을 맡으며 학생들을 아우른 그를 요시다 쇼인은 '용기 있고 지혜롭고 성실한 무인'이라 평가하며 아꼈다. 1858년 쇼인을 도와 마나베 아키카츠 암살계획을 주도했는데, 쇼인이 감옥에 갇히자 조슈번 관리의 집에 찾아가 항의하다 근신처분을 받았다. 쇼인이 처형된

뒤 나가사키에서 서양의 군사학을 배웠지만 몸이 좋지 않아 공부를 꾸준히 잇지 못했다. 1862년 동문들과 혈맹을 결성하고 존왕양이활동을 이끌며, 1863년 시모노세키 전투, 제1, 2차 조슈정벌, 보신전쟁 등에서 크게 활약하고 메이지 유신을 성공으로 이끌었다.

1870년 중추원 의원이 되고 오무라 마스지로[16]가 암살된 뒤에는 병부대보[17]가 됐지만 징병제에 반대하며 쇼카손주쿠 동문인 야마가타 아리토모, 기도 다카요시 등과 갈등을 빚다가 하기로 쫓겨났다.

1876년 메이지 정부는 조슈번의 군대를 해산시켰는데, 이때 3,000여 명의 해직군인들에게 적절하게 보상하지 않았다. 이에

---

16. 오무라 마스지로(大村益次郎, 1824~1869) : 일본군의 아버지, 야스쿠니 신사 정문에 그의 동상이 크게 서 있다.

17. 병부대보(兵部大輔) : 국방차관

마에하라 잇세이 생가

분노한 마에하라 잇세이는 해직군인과 쇼인의 숙부인 타마키 분노신 등 조슈번의 원로들을 모아 군대를 결성하고 반란을 일으켰다.(하기의 난, 萩の乱)[18] 하지만 반란은 금방 진압되었고 잇세이는 주동자로서 책임을 지고 43세의 나이로 사형당했다. 말년에 메이지 정부와 대립각을 세웠지만, 에도막부를 타도하고 메이지 유신을 이끄는 데 기여한 공로를 인정받아 '메이지 유신 10걸'로 추앙됐다.

---

18. 하기의 난(萩の乱) : 1876년 메이지 정부에 불만을 가진 조슈번의 무사들이 일으킨 반란.

4장. 쇼카손주쿠 학생들 '일본의 새싹'

야마다 아키요시(山田顕義, 1844~1892)

: 일본 육군사관학교 교장, 초대 사법대신(법무 장관), 일본법률 학교 등 설립

조슈번의 병학자 가문에서 태어나 명륜관 등에서 공부하고, 13살 쇼카손주쿠에 들어갔다. 요시다 쇼인은 그를 위해 직접 글을 지어주는 등 아꼈지만, 쇼카손주쿠가 점점 과격한 정치색을 띠게 되면서 발길을 끊었다. 하지만 쇼인이 처형된 뒤 1860년 2월부터 다시 동문들과 교류하며, 1862년 12월 다카스기 신사쿠·구사카 겐즈이·이토 히로부미·이노우에 가오루 등과 양이를 맹세하는 혈서에 함께 이름을 올렸다.

시모노세키 전쟁, 제1, 2차 조슈정벌 등에서 공을 세우고, 1865년 오무라 마스지로에게 서양의 군사학을 배웠다. 1867년 보신전쟁에서 조슈번 선봉대의 총대장으로 에도막부 타도에 앞장섰다. 1869년 오사카를 시찰하다 습격당해 사망한 오무라 마스지로의 뒤를 이어받아 (일본)육군을 창설하고 (일본)육군사관학교를 설립했다. 당시에 최고실력자 중의 한 명이었던 이노우에 가오루의 딸과 결혼하기도 했다.

이와쿠라 사절단에 포함되어 서양국가의 군사제도를 파악하였고, 귀국한 뒤 일본의 군사제도를 개선하는 데 집중했다. 한편 프랑스에서 나폴레옹 법전을 본 뒤 법률이 모든 것에 앞선다는 사실을 깨달았다. 육군 중장과 내무경을 거치며 '천재적인 군사전략가'라고도 칭송받았지만, 군에서 나와 관료의 길을 택했고 약 9년간 사법대신(법무장관)의 직책을 맡았다.

1889년 이토 히로부미가 주도해 공포한 메이지 헌법(일본제국헌법)을 기반으로 세부법률을 작성했다. 법률을 만들기 위해 일본의 풍속·언어 등 국체(國體)를 밝히는 연구가 중요하다고 생각했고, 그해 10월 일본법률학교(日本法律学校, 지금의 일본 대학)[19]와 국학원대학(國學院大學) 등의 교육기관을 창설했다. 1890년 민법·상법·민사소송법 등을 발표했지만 반대의견에 밀려 곤욕을 치르고 1891년 사법대신 직책에서 물러났다. 퇴임 후에 여행하던 중에 얻은 병으로 인해 49세의 나이로 세상을 떠났지만, 그가 제시한 법률 초안을 바탕으로 일본의 각종 법률들이 제정되었고, 근현대 일본의 틀을 갖추는 데 크게 기여한 것으로 평가받고 있다.

---

19. 일본대학 : 도쿄 지타구 소재. 1889년 개교한 일본법률학교(日本法律学校)를 모체삼아 1920년 설립됐다. 일본의 사립대학 중에서 손에 꼽히는 규모를 자랑하며 현재까지 100만 명 이상이 졸업했다.

이토 히로부미(伊藤博文, 1841~1909)

: 제1, 5, 7, 10대 내각총리대신, 일본헌법 제정, 청일/러일 전쟁
 지휘, 한국 초대통감 등

거의 모든 한국인에게서 '민족의 원수'로 여겨지지만, 많은
일본인들 사이에서는 영웅으로 여겨지는 복잡다단한 인물이다.
이토 히로부미(어린 시절에는 이토 리스케, 이토 슌스케 등으로 불렸다.)
는 조슈번의 최하급 사무라이 가문에서 태어났다. 어려서부터 몇
몇 개인학교에서 글을 익히던 중 15세 때 조슈번 관리들의 잔심
부름을 맡아 일했다. 이때 이토의 재능을 눈여겨본 한 관리의 추
천장을 들고 1857년 요시다 쇼인을 찾아갔다. 신분이 낮아도 차
별하지 않은 쇼인에게 감동해 더욱 열심히 따랐고, 쇼인도 이토
의 재능을 아꼈다. 쇼인이 처형된 뒤에는 쇼카손주쿠 동문들과
함께 존왕양이 활동에 뛰어들었다. 영국 공사관을 방화하고, 밀
정과 변절자 등을 찾아다니며 암살하는 등 적극적이고 과격하게

활동하며 신분이 조금씩 높아졌다.

조슈번에서는 자체적으로 인재를 기르기 위해 재능있는 청년 사무라이를 선발하고 해외 유학을 보냈는데, 이때 선발되어 이노우에 가오루 등 5명의 젊은이와 함께 영국으로 갈 수 있었다. 런던에서 영어를 익히는 동안 런던대학교 교수의 집에서 지내며 각종 박물관과 공장 그리고 군 시설 등을 견학했다. 영국의 압도적인 국력을 보며 '존왕양이'에서 '적극적인 개국'으로 생각을 바꾸었다. 일본으로 돌아온 뒤, 조슈번과 서양함대의 회의에서 통역을 담당하며 재능을 뽐냈고, 다카스키 신사쿠가 창설한 기병대에 가장 먼저 참여하는 등에도막부를 몰아내기 위해 힘썼다.

이토는 원래 미천한 신분이었지만 영어 실력을 인정받고 메이지 유신을 주도한 조슈번 출신이라는 든든한 배경을 바탕으로 현령, 장관 등의 요직을 맡을 수 있었다. 또한 1871년부터 2년간 이와쿠라 사절단의 주요 구성원으로 서구 각국을 시찰하고 돌아왔다. 일본을 뒤흔든 정한론 논쟁에서 정국의 주도권을 장악하고, 서로 의견을 달리하던 지도자들 사이에서 뛰어난 조율능력을 발휘하여 위아래로부터 두터운 신임을 얻으며 정치실력자로 성장했다.

1878년 당시 정부에서 가장 막강한 권력을 지닌 오쿠보가 암살되면서 메이지 유신 3걸(사이고 다카모리, 오쿠보 도시미치, 기도 다카요시)이 모두 사망했다. 이토는 이 틈을 놓치지 않고 온갖 정치적 수완과 달변을 발휘해 경쟁자들을 물리치면서 권력을 손에 쥐

4장. 쇼카손주쿠 학생들 '일본의 새싹'

었다. 메이지 천황과 정부 요인을 설득해 헌법을 만들어야 한다고 주장하고, 1882년 유럽에 건너가 약 1년여간 독일제국의 헌법을 연구했다. 귀국 한 뒤에 일본의 헌법 초안을 작성하는 와중에 조선에서 벌어졌던 갑신정변을 수습하는 전권대사로 청나라에 파견되어 톈진 조약[20]을 체결했다.

같은 해 일본의 내각제도가 시행되면서 제1대 내각총리대신으로 선출됐다. 1888년 헌법 초안이 완성되자 총리직책을 사임하고 헌법을 심의하는 추밀원의 의장이 됐다. 1889년 2월 메이지헌법(일본제국헌법)을 반포하면서 일본의 가장 명예로운 훈장을 수여했다.

1892년 다시 총리로 선출된 뒤, 조선을 개혁시키고 이익을 더욱 확대하기 위해 내정에 간섭했다. 1894년 6월 중순 2천 명의 군인을 서울로 진입시키고 7월에는 경복궁을 점령하도록 했다. 이후 청나라와 벌어진 전쟁에서 승리한 뒤, 1895년 청나라와 시모노세키 조약[21]을 체결해 대륙진출의 발판을 마련했다. 조약 체결 현장 바로 앞에는 '조선통신사 상륙지'가 있다. 조선으로부터 선진문물을 받아들이던 일본이 되레 조선을 '자주국가'로 독립시

---

20. 톈진 조약(天津條約) : 1885년 4월 18일 조선의 갑신정변을 계기로 청나라 이홍장, 일본제국 이토 히로부미가 맺은 조약. 한반도 내 양국 주둔군 철수를 주 내용으로 하며 훗날 청일 전쟁의 원인으로 작용했다.

21. 시모노세키 조약 : 1895년 4월 일본의 야마구치 현(조슈번) 시모노세키에서 청나라의 이홍장(李鴻章)과 일본의 이토 히로부미(伊藤博文)가 맺은 강화 조약. 청나라가 조선의 독립을 보장하고, 산둥반도(遼東半島)와 대만 등을 일본에 할양하는 조약이다. 한반도 침탈과 대륙진출의 발판으로 활용됐다.

켜 준 역설적인 공간이다. 조선인들은 이 조약에 따라 '청나라로
부터의 독립'을 기뻐하고 기념하며 독립협회를 만들고 서대문에
독립문을 세웠다.

한편, 이토 히로부미가 주한일본공사로 임명한 미우라 고로
(三浦梧楼, 1847~1926)[22]는 흥선대원군 등과 함께 1895년 10월 8일
조선의 왕비인 명성황후(민비)를 살해했다. 이토는 1896년 8월
총리직책에서 물러난 뒤, 영국 빅토리아 여왕 즉위 60주년 행사
에 축하사절로도 참가하며 서양 국가에서도 입지를 다졌다.

여야의 정국다툼 속에 1898년 1월 다시 총리로 임명되고 나
서는 본인의 정당이 없는 한계와 혼란스러운 정치 상황을 극복
하고자 정당을 창당하려 했다. (입헌정우회 - 지금의 자민당으로 계승)
하지만 쇼카손주쿠에서 함께 했던 야마가타 아리토모 등의 반대
에 밀려 6월에 총리직에서 물러났다.

1898년 청나라로 가던 중에 조선을 처음 방문해 고종과 만나
기도 했다. 이토의 뒤를 이어 총리가 된 야마가타 아리토모가 임
기를 짧게 마치게 되어, 1900년 10월 네 번째 총리에 당선됐지만
대(對)러시아 정책에 반대하는 세력과의 갈등과 건강 악화로 인
해 1901년 5월 다시 사퇴했다.

이토는 4번이나 맡은 총리직책에 더 이상 욕심을 내지 않았

---

22. 미우라 고로(三浦梧楼,1847~1926) : 조슈번 출신으로 메이지 유신 후 유럽 유학을 다
   녀와 하기의 난을 진압했고, 일본 육군사관학교장 등을 맡았다. 예편 후 주한일본 공
   사로 지내며 1895년 10월 흥선대원군과 함께 명성황후(민비)를 살해하고 경복궁 건청
   궁을 방화했다.

고, 1901년부터는 해외 순방에 나서며 일본의 외교력을 확보하기 위해 힘썼다. 예일대학교에서 명예 법학박사 학위를 수여받고, 시어도어 루스벨트 대통령과 프랑스 대통령 등을 만나며 동아시아에서 일본의 입지를 다지려 했다. 또한 러시아 황제 니콜라이 2세와 만주와 한반도를 서로 교환하는 협상을 벌이기도 하고, 1902년 1월 영일동맹[23]을 성공시키는 데도 기여했다.

1903년 7월 다시 추밀원 의장에 취임하고, 1904년 2월 러일전쟁 개시를 결정했다. 전쟁이 시작되고 조선에 일본군 2개 사단을 파견해 한반도를 유린하면서, 고종 황제에게 전국(한반도)의 황무지를 개척하게 해달라고 요구하는 등 조선을 식민지로 삼기 위한 기초계획을 강요했다.

러일전쟁에서 승리한 뒤에는 포츠머스 조약[24]을 맺고 1905년에는 군사를 동원해 조선의 경복궁을 포위하고 관리들을 덕수궁에 가두어놓은 뒤에 을사늑약(조선보호조약)을 강제로 성사시켰다. 1906년 3월에는 초대 조선통감으로 취임하며 조선의 내정 전반에 깊숙하게 관여했다.

1907년 5월 22일 이완용 등 을사오적을 중심으로 하는 내각을 조직하고, 일본에 망명 중인 박영효를 불러들여 궁내대신으로

---

23. 영일동맹 : 1902년 영국과 일본이 러시아의 극동 지역 진출을 견제하고자 체결한 조약이다.

24. 포츠머스 조약 : 1905년 미국 포츠머스에서 루스벨트 대통령의 중재로 일본과 러시아가 맺은 러일 전쟁의 강화 조약. 일본의 한국에 대한 권리, 요동반도 조차권(租借權), 연해주 연안 어업권 등을 보장하는 조약이다.

이토 히로부미와 영친왕

삼았다. 또한 대한제국 황태자(영친왕 이은)의 스승임을 자처하며 일본으로 데려갔다.

1907년 7월 고종황제의 밀사 3명(이상설, 이준, 이위종)이 네덜란드 헤이그 만국평화회의에 찾아가 을사늑약의 부당성을 주장하자, 조선의 총리대신 이완용을 불러 추궁했다.(이때 이완용은 이토에게 고개 숙여 사죄하며 선처를 빌었다.) 또한 고종황제를 괘씸하게 여기며 전쟁을 일으키겠다고 면전에서 위협하기도 했다.

조선의 모든 통치권한을 빼앗기로 계획한 이토는 이완용을 내세워 고종에게 왕위를 내놓도록 협박했고, 고종은 이를 거부하다가 결국 강제로 퇴위당했다. 이토는 이완용을 통해 곧바로 한일신협약을 강요했고, 이완용은 만 하루도 되지 않아 순종의 허가를 얻어냈다.

한일신협약(정미7조약)으로 인해 조선은 법령을 제정하는 권리, 국가의 행정을 총괄하는 권리, 관료를 임면할 수 있는 권리 등을 빼앗겼다. 또한 조약에 첨부된 비밀각서에는 대한제국의 군대를 해산하고, 일본인을 관리로 임명하고, 사법권과 경찰권을 앗아가는 내용이 포함되어 있었다. 이로써 한반도는 일본의 실질적인 식민지로 전락하게 됐다.(이토 히로부미는 이 조약이 체결된 뒤, 요시다 쇼인의 묘지를 찾아가 이 사실들을 보고하며 기쁨의 눈물을 흘렸다고 한다.)

1909년 한반도 강제 합병에 동의하고, 6월 14일 초대 통감직책에서 물러나 추밀원 의장에 다시 임명돼 일본으로 돌아갔다.

일본제국의 기반을 다지기 위해 외교활동을 이어가던 중, 러시아 재무장관(코코프체프)과 한일합병에 대한 회담이 예정된 만주의 하얼빈에 가게 됐다. 1909년 10월 26일 오전 9시 30분, 하얼빈역에서 러시아군의 사열을 받던 중 '대한제국 육군참의중장' 안중근에게 권총 세 발을 저격당하며 69세의 나이로 사망했다.

요시다 쇼인이 강조했던 '지성(至誠)'을 평생의 좌우명으로 삼아온 이토 히로부미의 장례식은 일본제국 최초의 국장으로 진행됐고, 그 시신은 일본 정부가 마련한 도쿄의 특별묘지에 안장됐다. 오늘날 일본 국회의사당의 중앙현관에 있는 3개의 동상 중 첫 번째 자리에 위치해있는 만큼 일본에 있어서는 압도적이고 탁월한 존재였다. 철저하게 현실주의적 관점에서 행동하며 서양국가들과 우호적인 관계를 만들기 위해 노력했고, 헌정질서를 확립하고 의회/정당정치를 실현하는 등 온화한 진보주의를 통해 메이지 일본을 설계한 위대한 인물로 평가받고 있다. 쇼인이 이토를 "재능은 뒤떨어지고, 학문도 아직 멀었다. 그런데 이야기를 정리하고 교섭하는 일(정치)에서 성공할 것이다"라고 평가했던 부분도 눈여겨볼 일이다. 한편 그의 생가는 하기 시의 쇼인 신사 부근에 보존되어 있다.

야마가타 아리토모(山縣有朋, 1838~1922)
: 제3, 9대 내각총리대신, 육군 원수, 청일전쟁 러일전쟁 지휘.
일본 군국주의의 화신

　　조슈번의 하급사무라이 가문에서 태어나 성장하던 야마가타 아리토모는 이토 히로부미 등과 함께 교토 등지에서 첩보 활동을 하다가 조슈번에 돌아와 1858년 7월 쇼카손주쿠에 들어갔다. 불과 몇 개월 만에 쇼인이 감옥에 갇히며 배움의 기회가 끊겼지만, 83세가 되어 죽을 때까지도 '(평생에 걸쳐) 요시다 쇼인 선생님께 가장 큰 영향을 받았다'라고 이야기할 만큼 쇼인을 존경했다.

　　1863년 다카스키 신사쿠가 창설한 기병대에서 활동하며 무예와 병법에서 두각을 나타냈고 조슈 정벌, 보신 전쟁 등에서 활약하며 메이지 유신의 기반을 다졌다. 1869년 유럽에서 프로이센의 공업발전과 군사 팽창주의에 감명받고 돌아와, 오무라 마스지로의 후계자로서 일본의 군사제도를 개혁하고 징병제를 도입

했다.

1877년 메이지 유신의 동지였던 사이고 다카모리가 일으킨 반란(세이난 전쟁)을 진압하며 군권을 장악했고, 1882년 군국주의의 기초가 된 군인칙유(軍人勅諭)[25]를 선포하고 이듬해 내무경에 취임해 각종 제도를 만들었다.

1888년 이토 히로부미와 함께 유럽을 방문해 독일의 헌법학자 로렌츠 폰 슈타인(Lorenz von Stein, 1815~1890), 독일제국의 수상 비스마르크(Bismarck, 1815~1898), 독일제국의 황제 빌헬름 2세(Wilhelm II, 1859~1941) 등을 만나기도 했다.

1889년에는 제3대 내각총리대신이 되어 군비 확장을 추진했다. 제1회 제국 의회에서 외교정략론을 발표하며 "주권선(국경)'뿐만 아니라 '이익선(한반도)'을 확보하기 위해 국방예산을 확대해야 한다"라고 연설하며 팽창주의 정책추진을 역설했다.[26] 1890년 교육칙어[27]를 발표하고 다음 해에 총리직책에서 물러났다.

---

25. 군인칙유(軍人勅諭) : 천황에 대한 맹목적인 충성을 강조한 규범. 군인이라면 천황을 위해 목숨을 바쳐야 한다는 이론은 태평양전쟁에서 카미카제 등으로 나타나고, 수많은 일본인들에게 무조건적인 희생을 강요했다. 메이지 유신을 이끈 지도자들은 천황제도를 합리화하는 도구로써 활용했다.

26. 그 뒤 일본의 이익선은 한반도에서 만주로, 만주에서 시베리아로, 시베리아에서 중국 대륙과 동남아시아로 확대됐다.

27. 교육에 관한 칙어(教育ニ関スル勅語) : 일본 제국 신민들의 수신과 도덕 교육의 기본 규범. 이를 바탕으로 식민조선과 대만의 교육이 이뤄졌다. 천황에 대한 국민의 충성심이 '교육의 근본'이라고 강조한다. 메이지 유신을 이끈 지도자들은 군인칙유와 함께 천황제도를 합리화하는 데 활용했고, 1948년 공식적으로 사용이 중지됐지만 지금도 공공연하게 사용되고 있다.

56세 때는 일본군 총사령관으로서 청일전쟁을 지휘해 승리로 이끌고, 1898년 다시 내각총리대신에 선임되어 각종 사회운동을 탄압하는 법을 만들고, 선거제도를 자신에게 유리한 방향으로 바꾸기도 했다. 또한 육군·내무부·궁내성·추밀원 등 각종 권력기관에 본인을 따르는 인물인 가쓰라 다로(조선식민통치의 발판 마련), 데라우치 마사타케(초대 조선 총독) 등을 전면에 내세우고 정치에 깊숙하게 관여했다.

1902년에는 일본군 참모총장으로서 러일전쟁을 지휘해 승리하고, 일본 제국육군을 창설하고, 1904년 한일의정서[28] 체결을 강요하는 등 조선을 식민지로 만들고, 일본을 제국의 반열에 올려놓는 데도 결정적인 역할을 했다. 어린 시절부터 함께 성장하며 일본의 최고지도자가 된 이토 히로부미가 사망한 뒤 그 권력마저 흡수해 막강한 영향력을 손에 쥐었다. 또한 제2차 세계 대전의 발발에도 영향을 미친 그는 '일본 군국주의의 화신'으로도 여겨진다. '일본의 지도자 가운데 한국에 대해 인간적인 동정심이 없었던 대표적 인물'로도 알려진 그는 1922년 폐

28. 한일의정서 : 1904년 2월 러시아와 전쟁을 일으킨 일본이 중립노선을 취하던 대한제국을 보호국으로 삼아 식민지배의 발판을 마련한 협정

럼에 걸려 83세의 나이로 사망했다.

　원래대로라면 관직의 근처에 다가갈 수도 없었던 천한 신분의 이토 히로부미와 야마가타 아리토모 등은 신분에 관계없이 그들을 받아준 요시다 쇼인 덕분에 출세의 기회를 얻을 수 있었다.

　그들이 일본을 이끈 1885년부터 1920년까지, 일본은 국내총생산이 3배로 성장하는 등 눈부신 경제성장을 이뤘고, 제1차 대전 이후 채무국에서 채권국이 되고 국제적인 지위가 높아졌다. 총리직책을 주고받으며 경쟁하면서도 대외팽창에 대해선 뜻을 같이했다. 특히 야마가타가 일으키고 승리한 청일전쟁의 뒷수습을 이토가 외교적으로 처리하며 국익을 극대화하는 모습은 절묘하기까지 하다. 그 둘의 사이가 좋지는 않았지만 경쟁자이면서도 조력자였다. 결과적으로 이토 히로부미는 문관을, 야마가타 아리토모는 무관을 대표하며 일본을 제국의 길로 이끌었다. 한편 요시다 쇼인은 야마가타 아리토모에 대해 "그는 육체적인 힘이 재능이다. 하지만 훌륭한 식견이나 재능이 있다고 말할 수는 없다."라며 박하게 평가했다.

　"조선은 우리나라처럼 신문명을 흡수하는데 필요한 소양과 역량이 없다. 그 국민들은 모두 임시변통에 능하고 구차하고 당장의 안락만을 챙기려 한다."[29]

---

29. 오야마 아즈사(大山梓) "야마가타 아리토모 의견서" p. 284

시나가와 야지로(品川弥二郎, 1843~1900)
: 내무대신, 각종 산업조합 설립

　조슈번의 물고기 상인 가문에서 태어난 그는 1858년 쇼카손 주쿠에 들어가 요시다 쇼인에게 가르침을 받았다. 쇼인은 그를 '특출난 능력은 없지만 정직하고 인정이 두텁고 마음이 넓다.'고 평가했다. 쇼인이 사형당한 뒤 쇼카손주쿠 동문들과 함께 영국 공사관을 방화하는 등 존왕양이 운동에 뛰어들었다.

　1864년 교토의 금문의 변에서 살아남은 뒤 1865년 기도 다카요시와 함께 삿초동맹을 성립하는 데 힘썼고, 보신 전쟁에서 활약하며 메이지 유신에 크게 기여했다. (이 시기, 사카모토 료마와 친분을 쌓기도 했다.) 1870년 독일과 영국에서 공부를 하고, 농상무 차관, 주독 공사, 추밀원 고문관 등의 직책을 역임하고 1891년 제1차 마쓰카타 내각의 내무대신이 됐다. 이후 각종 학교뿐만 아니라 산림회, 수산회, 농업회 등의 산업조합과 신용 조합을 설립하며 일본의 사회적 역량강화에 공헌했다. 1900년 폐렴에 걸려 58세의 나이로 사망했다. 그리고 제국일본 정부는 그의 업적을 기리며 1907년 야스쿠니 신사 앞에 그의 동상을 세웠다.

시나가와 탄생지, 하기 시내에서 쇼카손주쿠 가는 다리 옆

　　　　　　　　　　　　4장. 쇼카손주쿠 학생들 '일본의 새싹'

쿠보 세이타로(久保淸太郎, 1832~1878)
: 묘도 현, 와타라이 현 권령(도지사)

시나가와 탄생지, 하기 시내에서 쇼카손주쿠 가는 다리 옆

조슈번에서 학생들을 가르치던 쿠보 고로자에몽의 장남이다. 1855년 형량을 채우고 감옥에서 나온 토미나가 유린과 함께 요시다 쇼인을 도와 쇼카손주쿠 설립과 운영에 기여했다. 조슈번의 회계업무 등을 담당하고 번의 업무를 관장하다가 1872년 묘도 현(도쿠시마 현, 德島県), 1874년 및 와타라이 현(미에 현, 三重県)의 지도자로 임명되어 지방행정을 이끌었다. 1876년 정계에서 은퇴하고 사망했다.

고쿠시 센키치(国司 仙吉, 1846~1915)
: 아키타현 권령

마에하라 잇세이와 같은 어머니에게서 태어났다. (아버지가 서로 다름) 1857년 쇼카손주쿠에 다녔다. 1871년부터 미야타니 현, 기사라즈 현 등에서 관료 생활을 하고, 1873년 5월 아키타현(秋田県) 권령이 되어 각 분야의 정책을 추진했다. 공직에서 물러난 뒤에는 각종 사업을 통해 사회에 기여했다.

오카베 도미타로(岡部富太郎, 1840~1895)
: 존왕양이 운동가. 지방 관료

명륜관에 공부하며 성장하고 1857년 쇼카 손주쿠에 들어가 공부했다. 쇼인이 사형당한 뒤 동문들과 함께 메이지 유신에 기여했다. 야마구치, 오사카 등지에서 관료로 일하다가 1895년 56세로 사망했다. 한편, 자신의 양녀를 메이지 유신 3걸 중 한 명인 기도 다카요시와 혼인시켰다.

아리요시 쿠마지로(有吉熊次郎 1842~1864)

: 존왕양이 운동가

명륜관에서 공부하던 중 1857년 16살 때 쇼카 손주쿠에 들어갔다. 쇼인이 특히 아낀 3명의 학생(오카베 토미타로, 테라시마 츄사부로) 중 1명이다. 1858년 막부관리를 암살하기 위해 혈서를 쓰고, 쇼인을 감옥에 가둔 관리의 집에 찾아가 항의하다 근신했다. 쇼인이 사형당한 뒤 쇼카손주쿠 동문들과 양이혈맹을 맺고 외국 공사를 암살을 추진하고, 영국 공사관을 방화했다. 1863년 항해술을 배우고, 교토 등지에서 존왕양이 운동에 힘쓰다가 금문의 변에서 중상을 입고 구사카 겐즈이 등과 함께 자결하며 23세의 짧은 생을 마감했다.

와타나베 고조(渡辺 蒿蔵, 1843~1939)

**: 미쓰비시 중공업 나가사키 조선소장, 동양 최고의 도크 건립.
쇼카손주쿠 학생 중 최장수.**

1857년 1살 많은 아리요시 쿠마지로의 권유로 쇼카손주쿠에 들어갔다. 원래 공부를 좋아하지 않아 평판은 그리 좋지 않았지만, 요시다 쇼인은 자신의 신념을 굽히지 않는 그의 모습을 좋아했고, 사형당하기 직전에 다카스키 신사쿠에게 보내는 편지에서 '와타나베를 잘 챙겨라'고 할 정도로 아꼈다.

쇼인이 사형당한 뒤 쇼카손주쿠 동문들과 존왕양이 운동에 가담해 신사쿠가 설립한 기병대에서 활약했다. 1864년 금문의 변에서 동료들이 죽자 본인의 능력 부족을 한탄했고, 나가사키와 미국에서 공부하고 영국의 런던대학교에서 조선학·수학·물리학 공부를 하고 조선 기술을 습득했다. 1873년 귀국한 뒤 관영 나가사키 조선국(오늘날 미쓰비시 중공업 나가사키 조선소)의 초대 소장이 됐다. 그간 배운 조선 기술을 활용해 1879년 동양 최초의 도크를 완성하는 조선 기술발전에 크게 활약했다. 50세에 고향인 하기로 돌아와 쇼카손주쿠와 조슈번의 역사자료를 보존하며 여생을 보냈다.

1939년 요시다 쇼인에게 직접 배운 쇼카손주쿠 학생으로 유일하게 쇼와천황의 시대까지 살았던 그는 97살에 눈을 감았다. 그의 기록은 『쇼인 문하의 마지막 생존자 와타나베(1940)』[30]에 남겨져 있다.

---

30. 『松陰門下の最後の生存者渡辺翁を語る』

4장. 쇼카손주쿠 학생들 '일본의 새싹'

이이타 키치지로(飯田吉次郎, 1847~1923)
: 존왕양이활동, 메이지 정부 철도 관료, 일본 최초의 철도터널
 완공

　1847년 하기에서 태어나고, 명륜관을 거쳐 1857년 쇼카손주
쿠의 학생이 되었다. 쇼인의 사후에는 오무라 마스지로에게 난학
과 병학을 배우고, 다카스키 신사쿠의 기병대에서 함께 활동했다.
　1867년 12월 와타나베 고조와 함께 나가사키와 미국, 네덜란
드 등에서 공부하고 귀국하여 메이지 정부의 관료로써 철도 건설
을 위해 힘썼다. 특히 1877년 오사카(현 오사카역)에 일본 최초의
철도기술자 양성기관을 설립하여 많은 후학을 길러냈고, 교토로
이어지는 철도를 건설하며 일본 최초의 터널을 완공했다. 1890
년 철도청 부장이 되어 활동하기도 했다.

테라시마 츄자부로(寺島忠三郎, 1843~1864)

조슈번에서 태어나 명륜관과 쇼카손주쿠에서 요시다 쇼인에게 지도받았다. 1862년 다카스키 신사쿠, 구사카 겐즈이 등과 존왕양이활동에 뛰어들어 활발하게 활동했지만 1864년 금문의 변에서 구사카 겐즈이와 함께 서로를 맞찌르고 21세의 나이로 사망했다.

마스노 도쿠민(增野德民, 1841~1877)

의사가문에서 태어나 공부하던 중 요시다 쇼인에게 감화돼 쇼카손주쿠를 운영하는 데 힘을 보탰다. 쇼인이 사형당한 뒤에도 의술을 배우며 동문들의 존왕양이 운동에 함께했다. 1862년 구사카 겐즈이 등과 함께 모의한 암살 등이 실패로 돌아간 뒤, 고향으로 내려와 의술을 펼치고 학생들을 가르치다가 1877년 37세에 사망했다.

사이토 에조(斎藤栄蔵, 1836~1900)

1850년 15살 때 명륜관에서 요시다 쇼인에게 병학을 배우고, 18살 때 에도에서 유학하며 쇼인과 다시 만나고, 1856년 21세에 쇼카손주쿠에 들어갔다. 쇼인은 유독 공부를 열심히 하는 그를 주목했다.

쇼인이 처형당한 뒤 조슈번 명륜관에서 각종 기록물을 편집하는 일을 하다가 1869년 야마구치 중학교에서 학생들을 가르쳤다. 1872년 시마네현에 부임한 뒤 1881년 현령이 됐다. 시마네현의 사회간접자본 건설에 힘쓰는 중에 쇼인이 개척해야 한다고 주장한 '다케시마(당시에는 울릉도를 지칭. 이후 독도로 바뀜)' 문제에 깊숙이 관여하며 메이지 정부의 다케시마 개척 정책에 힘을 보탰다. 1883년 퇴임 후 하기에 돌아와 1890년 쇼카손주쿠 보존회를 발족시키고 건물을 보수하고, 근처에 쇼인을 기리는 작은 사당(쇼인 신사의 전신)을 세웠다.

쇼인 신사의 전신

카와키타 토시스케(河北義次郎, 1844~1891)

　1858년 15세 때부터 쇼카손주쿠에서 공부했다. 쇼인이 죽은 뒤 구사카 겐즈이 등과 함께 교토에서 존왕양이 활동에 집중하며 조슈 전쟁 등에서 활약했다. 1867년 조슈번의 지시를 받고 와타나베 호조 등과 함께 미국에서 유학하고, 영국에 넘어가 런던대학 유니버시티 칼리지에서 법학 등을 배웠다. 메이지 유신 이후에도 정부의 지원 아래 유학하던 도중 1873년 귀국해 육군 소좌가 되어 히로시마 수비사령관 등을 역임했다. 1888년 미국 샌프란시스코 영사를 지낸 뒤 1890년 대한제국 경성공사가 됐지만 병에 걸려 사망했다.

오무라 마스지로(大村益次郎, 1824~1869)
: 일본군의 아버지

　쇼카손주쿠 출신은 아니지만 쇼카손주쿠 인물들의 생애를

언급할 때 빼놓을 수 없는 인물이다. 조슈번의 의사 가문에서 태어났다. 오사카에서 난학을, 나가사키에서 서양 의학을 배웠다. 서양 학문을 공부하면서 서양 군사학에도 눈을 떴다. 26세에 하기로 돌아와 진료하던 중 우와지마 번에서 사무라이 계급으로 신분을 올려주어 무사가 됐다.

다시 나가사키에 가서 서양 군함 조선술과 항해술을 배우고, 에도로 가서 공부했다. 1861년 조슈번의 군사학 교관으로 임명되고, 기도 다카요시를 만났다. 그를 따라 존왕양이 운동에 가담했다.

1866년 제2차 조슈정벌, 보신 전쟁 등에서 핵심적인 역할을 담당하며 메이지 유신에 기여했다. 메이지 정부는 지방 세력을 제압하기 위해 강력한 군사력을 필요로 했고, 오무라를 병부대보(兵部大輔, 국방장관)으로 임명해 국민개병과 징병제를 기반으로 한 군대를 만들었다. 1869년 10월 오사카 지역을 시찰하던 중 개병제에 반대한 조슈출신 전직 사무라이들에게 습격당해 결국 사망했다. 이토 히로부미, 야마가타 아리토모, 야마다 아키요시 등 쇼카손주쿠 출신의 인물들과 많은 인연을 맺었고, 그를 기념하며 만든 동상은 일본에서 최초로 만들어진 서양식 동상이며, 현재 야스쿠니 신사 입구에 세워져 있다.

마사키 타이조(正木退, 1846~1896)

: 존왕양이활동가, 메이지 교육자, 외교관, 도쿄직공학교 초대 교장, 하와이 총영사

1846년 조슈번의 하기에서 태어난 뒤, 1858년 쇼카손주쿠에 들어가 요시다 쇼인의 학생이 되었다. 쇼인이 사형당한 이후 존왕양이 활동을 함께 이어가며, 오무라 마스지로에게 병학과 난학 등을 배웠고, 1870년 이노우에 가오루를 따라 도쿄에 간 뒤 다음해 조폐제조기술을 배우기 위해 영국에 파견됐다. 런던대학교에서 화학을 공부하고 1872년 일본에서 파견 온 이와쿠라 사절단

을 만나기도 했다.

1874년에 귀국해 연구기관의 교수로 초빙되어 화학을 강의하다가 1876년 유학생 10명을 인솔하여 다시 런던으로 건너갔다. 문부성과 긴밀하게 교류하며 외국인 강사를 일본에 초빙하는 업무도 담당했는데, 이때 에딘버러 대학의 저명한 물리학자를 도쿄대학교로 초빙하던 중에 로버트 스티븐슨—《보물섬》,《지킬박사와 하이드》등의 걸작을 쓴 작가—을 만나게 됐다. 이때 마사키 타이조의 스승인 요시다 쇼인의 이야기에 감명받은 스티븐슨은 훗날 쇼인의 전기인『Yoshida-Torajiro』를 썼다.

1881년 일본에 돌아와 도쿄직공학교를 설립하고 교장에 취임해 기술력을 지닌 학생들을 길러냈고, 1890년 주 하와이 일본영사에 임명되 호놀룰루에서 외교활동과 함께 요코하마은행의 호놀룰루 지점을 개설했다.

1893년 공직에서 물러나 지내던 중 1896년 병으로 사망했다. 교육, 문화, 조폐제도, 외교 등에 기여한 공로를 인정받아 일본과 미국(하와이)에서 다양한 훈장을 받았다.

쇼카손주쿠 학생 92명

구분	이름	입학시기 (연월)	입학 나이	비 고
1	다카스 타키노조 (高洲滝之允, 1835~1866)	1856.3.	22	쇼카손주쿠의 첫 번째 학생
2	타마키 히코스케 (玉木彦介, 1841~1865)	1856.3.	16	타마키 분노신의 장남

구분	이 름	입학시기 (연월)	입학 나이	비 고
3	사사키 우메사부로 (佐々木梅三郎, 1840~1918)	1856.3.	17	사사키 3형제의 막내, 야마구치 회계 업무
4	사이토 에조 (斎藤栄蔵, 1836~1900)	1856.5.	21	시마네 현령. 독도 문제의 공론화, 쇼카손주쿠 보존회 발족, 쇼인 사당(쇼인신사 전신) 설립
5	사사키 카메노스케 (佐々木亀之助, 1835~1914)	1856.6.	22	사사키 3형제의 장남, 행정관리
6	구사카 겐즈이 (久坂玄瑞, 1840~1864)	1856.6.	17	쇼카손주쿠 4대 천황, 전국 존왕양이운동의 선구자
7	아카네 타케토 (赤禰武人, 1838~1866)	1856.8.	19	기병대 제3대 총독
8	쿠라하시 나오노스케 (倉橋直之助, 1840-?)	1856.8.	17	
9	야마가 보 (山賀 某, ?~?)	1856.9.		
10	마스노 도쿠민 (増野徳民, 1841~1877)	1856.10.	16	존왕양이 활동가, 의사
11	타카하시 후지노 (高橋藤之進, 1846~?)	1856.10.	11	노야마 감옥에 갇힌 오빠를 면회할 때부터 쇼인의 강의를 들은 여학생
12	사사키 켄조 (佐々木謙蔵, 1838-?)	1856.10.	19	사사키 3형제의 차남
13	나카타니 쇼스케 (中谷正亮, 1828~1862)	1856.10.	26	구사카 겐즈이, 타카스기 신사쿠 등 많은 학생을 쇼카손주쿠로 이끔, 쇼인의 여동생과 구사카 겐즈이의 혼례를 주선. 존왕양이 활동가
14	요시다 에이타로 (吉田栄太郎, 1841~1864)	1856.11.	16	쇼카손주쿠 4대 천황, 금문의 변에서 구사카 겐즈이 등과 사망
15	마츠우라 쇼도 (松浦松洞, 1837~1862)	1856.11.	20	쇼인의 초상화를 그림, 존왕양이 활동
16	오카베 시케노스케 (岡部繁之助, 1842~1921)	1856.12.	15	오빠와 함께 쇼카손주쿠에 다닌 여학생, 존왕양이 운동가들을 뒷바라지
17	후쿠카와 사이노스케 (福川犀之助, 1834~1885)	1856.12.	23	
18	히라노 우와노스케 (平野植之助, 1847~?)	1856.	9	

구분	이 름	입학시기 (연월)	입학 나이	비 고
19	고쿠시 센키치 (国司仙吉, 1846~1915)	1857.1.	12	아키타현 권령
20	오오가 타이히 (大賀大眉, ?~1884)	1857.1.		존왕양이 활동의 군량미를 지원한 상인
21	쿠보 세이타로우 (久保清太郎, 1832~1878)	1857.4.	26	묘도 현(도쿠시마 현, 徳島県) 및 와타라이 현(미에 현, 三重県) 권령
22	아리요시 쿠마지로 (有吉熊次郎, 1842~1864)	1857.5.	16	존왕양이 활동
23	무라카미 우시치로 (村上卯七郎, ?~?)	1857.6.		
24	츠치야 쿄헤이 (土屋恭平, 1833~1899)	1857.8.	25	
25	쿠마노 토라지로 (熊野寅次郎, ?~?)	1857.8.		
26	무키 토시유키 (妻木寿之進, 1846~1890)	1857.8.	12	
27	오노 오토사부로 (大野音三郎, 1841~?)	1857.8.	17	
28	시노 스스무 (市之進, 1844~?)	1857.8.	14	
29	미조 사부로 (溝三郎, 1844~?)	1857.8.	14	
30	후지노 아라지로 (藤野荒次郎, ?~?)	1857.8.		
31	이리에 우이치로 (入江宇一郎, ?~?)	1857.9.		
32	레제 마사지로 (冷泉雅二郎, 1841~1902)	1857.9.	17	메이지 정부의 판사, 검사
33	키시다 타몬 (岸田多門, 1844~?)	1857.9.	14	
34	쿄 미치 (許道, ?~?)	1857.9.		
35	다카스키 신사쿠 (高杉晋作, 1839~1867)	1857.9.	19	쇼카손주쿠 4대 천황. 존왕양이 활동, 기병대 창설, 조슈번 군사 지도자, 삿초동맹 성사

구분	이 름	입학시기 (연월)	입학 나이	비 고
36	요코야마 시게루고로 (横山重五郎, 1841~1906)	1857.9.	17	
37	코마이 마사고로 (駒井政五郎, 1841~1869)	1857.9.	17	
38	우마시마 세이치로 (馬島誠一郎, 1844~1871)	1857.9.	14	기병 대장, 쇼인이 남긴 자료 정리, 향년 28세
39	아자죠 쇼조 (阿座上正蔵, 1846~1864)	1857.9.	12	금문의 변에서 전사
40	세노 유리쿠마 (瀬能百合熊, ?~?)	1857.9.		
41	이이타 키치지로 (飯田吉次郎, 1847~1923)	1857.9.	11	존왕양이 운동. 메이지 유신 후 일본 철도 발전에 기여
42	나카무라 리사부로 (中村理三郎, 1845~?)	1857.9.	13	
43	시나가와 야지로 (品川弥二郎, 1843~1900)	1857.9.	15	일본 최초의 군가 작사, 주독공사, 내무대신, 각종 산업조합설립
44	이토 히로부미 (伊藤博文, 1841~1909)	1857.9.	17	일본의 영웅. 내각총리대신, 추밀원 의장, 귀족원 의장, 초대 한국통감
45	오테라 신노조 (尾寺新之允, 1827~1901)	1857.10.	31	쇼인 사형 후 기도 다카요시, 이토 히로부미 등과 유해를 거둠, 존왕양이 활동, 이세신궁 신관
46	마에하라 잇세이 (前原 一誠, 1834~1876)	1857.10.	24	존왕양이 활동, 참의원, 병부대신
47	오카베 토미타로 (岡部富太郎, 1840~1895)	1857.11.	18	존왕양이 활동. 야마구치, 오사카 관료
48	히사게 야마 (提山, 1839~1907)	1857.11.	19	
49	우마시마 하루미 (馬島春海, 1841~1905)	1857.12.	17	
50	타키 야타로 (滝弥太郎, 1842~1906)	1857.12.	16	존왕양이 운동, 기병대 총독, 지방법원 판사, 법원장 등
51	와타나베 고조 (渡辺 蒿蔵, 1843~1939)	1857.12.	15	나가사키 조선국(미쓰비시 중공업 나가사키 조선소) 초대 소장, 동양 최초의 도크 완성, 쇼카손주쿠 자료 보존, 쇼카손주쿠 동문 중 최장수.(97세)
52	오카다 코사쿠 (岡田耕作, 1849~?)	1857.12.	9	

구분	이 름	입학시기 (연월)	입학 나이	비 고
53	야마다 아키요시 (山田顕義, 1844~1892)	1857.	14	근대 일본의 군사제도/법전 정비 육군중장, 초대 사법대신, 참의원 등
54	노무라 야스시 (野村和作, 1842~1909)	1857.	16	존왕양이 활동가. 이와쿠라 사절단 내무대신, 체신대신
55	나카야 시게로조로 (中谷茂十郎, 1839~?)	1858.2.	20	
56	히로시 카츠노스케 (弘勝之助, 1837~1864)	1858.2.	22	
57	하라다 타로 (原田太郎, ?~?)	1858.2.		
58	아오키 아이치 (青木弥一, ?~?)	1858.3.		
59	쿠리타사카 에노스메 (栗田栄之進, ?~?)	1858.3.		
60	카와키타 토시스케 (河北義次郎, 1844~1891)	1858.3.	15	히로시마 수비사령관, 미국 샌프란시스코 영사, 경성 공사관
61	테라시마 츄사부로 (寺島忠三郎, 1843~1864)	1858.3.	16	존왕양이 활동가, 금문의 변에서 구사카 겐즈이와 함께 자결
62	사사베 켄사이 (佐々部謙斎, 1844~1886)	1858.3.	15	의사. 야마구치 현립 하기학교 교사
63	레제 토모 (冷泉友, ?~?)	1858.3.		
64	야마네 타케지로 (山根武次郎, ?~?)	1858.3.		
65	쿠로세 신이치로 (黒瀬真市郎, 1830~1908)	1858.3.	29	존왕양이 활동가, 메이지 유신 후 인조비료 제작 등 농산물 육성, 지방 소학교 설립
66	미나미 카메고로 (南亀五郎, 1840~?)	1858.3.	19	
67	토키야마 나오하치 (時山直八, 1838~1868)	1858.3.	21	존왕양이 활동가, 야마가타 아리토모의 죽마고우
68	토카시 분슈 (富樫文周, 1841~1887)	1858.3.	18	

구분	이 름	입학시기 (연월)	입학 나이	비 고
69	오기노 토키유키 (荻野時行, 1835~1885)	1858.3.	24	존왕양이 활동가, 야마구치 중학교 교사, 교토사범학교 교사
70	오오야 시게키 (大谷茂樹, 1838~1865)	1858.4.	21	
71	키나시 헤이노신 (木梨平之進, 1840~1900)	1858.6.	19	존왕양이 활동가, 미국 재무부 파견, 야마구치 은행 창설, 중의원
72	후쿠하라 마타시로 (福原又四郎, 1841~1910)	1858.6.	18	
73	이토 덴노스케 (伊藤伝之助, ?~?)	1858.6.		존왕양이 활동가, 기병대 참모
74	오카 센키치 (岡仙吉, 1833~?)	1858.7.	26	
75	스기야마 마츠스케 (杉山松介, 1838~1864)	1858.7.	21	존왕양이 활동가
76	마사키 타이조 (正木退蔵, 1846~1896)	1858.7.	13	존왕양이 활동가, 메이지 교육자, 외교관, 도쿄 직공학교 초대 교장, 하와이 총영사 / 로버트 스티븐슨
77	이쿠타 료스케 (生田良佐, 1837~1861)	1858.7.	22	쇼인을 따르던 중 감옥에 갇힘, 눈병에 걸려 실명한 뒤 사망
78	이리에 쿠이치 (入江九一, 1837~1864)	1858.7.	22	쇼카손주쿠 4대 천황, 존왕양이 활동 중 금문의 변에서 전사
79	이이다 세하쿠 (飯田正伯, 1825~1862)	1858.7.	34	기도 다카요시, 이토 히로부미 등 동문들과 함께 쇼인의 유골을 매장
80	타케시타 타쿠마 (竹下琢磨, 1829~?)	1858.8.	28	
81	타케시타 코치키 (竹下幸吉, ?~?)	1858.8.		
82	시모카와 보 (下川某, ?~?)	1858.8.		
83	카와치 키레이 (河内紀令, ?~?)	1858.8.		
84	하라다쿠 마고로 (原田熊五郎, 1842~?)	1858.8.	17	

구분	이름	입학시기 (연월)	입학 나이	비 고
85	미카이 (観界, 1843~?)	1858.8.	16	
86	야마가타 아리토모 (山縣有朋, 1838~1922)	1858.9.	21	존왕양이 운동가, 일본군의 아버지, 청일전쟁 사령관, 러일전쟁 참모총장, 법무대신, 내무대신, 내각총리대신, 추밀원 의장
87	오노 타메하치 (小野為八, 1829~1907)	1858.9.	30	기병대 결성, 존왕양이 활동가, 과학자, 의사, 화가
88	야마네 타카시추 (山根孝中, 1823~1898)	1858.9.	36	의사, 존왕양이 활동가, 학교설립 (현재 일본의과대학 전신)
89	오카 히코타로 (岡彦太郎, 1833~1894)	1858.	26	내각 서기관
90	야스다 마고타로 (安田孫太郎, ?~?)			
91	오바야시 토라스케 (大林寅介, ?~?)			
92	사카미 치스케 (坂道輔, 1849~1921)		10	하기의 난 참가

엔세이지(円政寺), 다카스키 신사쿠와 이토 히로부미가 어린 시절 함께 공부했던 곳 /
하기시 박물관 다카스키 신사쿠 자료실

시모노세키 조약 현장, 이토히로부미 동상, 조선통신사 상륙기념지

　　　　　　　　　　　　　4장. 쇼카손주쿠 학생들 '일본의 새싹'

이토 히로부미 하기시 명륜관 전시실

야스쿠니 신사 입구, 시나가와 야지로 동상

5

지금도 살아있는
요시다 쇼인

요시다 쇼인의 짙은 그림자
진정한 지피지기(知彼知己)를 위해

요시다 쇼인의 짙은 그림자

　　일본의 천황제, 독도 영유권 주장, 일본군 위안부, 조선인 강
제징용, 집단자위권법 개정, 평화헌법개정 등 한일관계역사의 이
슈들을 차근차근 거슬러 올라가면 태평양전쟁과 군국주의 그리
고 메이지 유신을 마주치게 된다. 일본의 근대사에서 빼놓을 수
없는 메이지 유신에서 한걸음 더 거슬러 오르면 조슈번과 쇼카손
주쿠, 그리고 요시다 쇼인을 만나게 된다. 2018년을 기준으로 쇼
인이 사형당한 지 160여 년이 됐지만 오늘날에도 곳곳에서 살아
숨 쉬는 쇼인을 만날 수 있다.

190세 요시다 쇼인 (2020년 출판)

5장. 지금도 살아있는 요시다 쇼인

1. 독도 영유권

오늘날 한국과 일본 사이에 가장 민감한 문제 중 하나인 독도 영유권 문제에 있어서 요시다 쇼인을 빼놓을 수 없다. 쇼인은 『유수록』에서 '한반도로 진출하기 위해 가장 먼저 다케시마를 점령해야 한다.'고 했다. 또한 1858년에 쓴 『다케시마 개척의견서』는 메이지 유신 3걸 중 2명인 기도 다카요시와 이노우에 가오루, 시마네 현령이 된 사이토 에조 등이 정책을 추진하는 데에도 큰 영향을 미쳤다. (원래 쇼인의 '다케시마'는 울릉도 근방을 의미했지만, 점점 독도를 지칭하는 것으로 교묘하게 둔갑했다.)

2016년 8월 15일 제71주년 광복절을 기념해 한국의 정치인들은 독도를 방문했다. 그런데 일본의 국회의원들이 '독도에 상륙한 근거가 되는 역사적 사실과 법률 해석 등 7가지 질문'을 요구하기도 했다. 또한 도쿄에서 독도반환을 요구하는 집회를 열고, 2017년도 정부예산에 독도영유권 반환예산을 편성하였으며, 2018년 현재는 도쿄에 다케시마 박물관을 설립하고, 일본의 초중고등학교 모든 교과서에서 한국이 독도를 불법으로 점검하고 있다고 가르치고 있다. 앞으로의 한일관계에 있어서도 핵심적이며 민감한 의제로 다뤄질 '독도영유권'에는 요시다 쇼인의 그림자가 드리워 있다.

2. 야스쿠니 신사(靖國神社)

이와타 시게노리라는 학자는 '죽은 자를 제신으로 모시는 신사 및 새로운 인격신의 형성은 정치적 의도 아래 실현된다'라고 했다.[1]

일본에서 가장 큰 규모를 자랑하는 야스쿠니 신사는 일본을 위해 희생한 사람들의 위패를 모아놓고 그들을 '신'으로 모시며 기리는 신사다. 일본 정치인들이 방문하여 참배하는 것만으로도 한국, 중국 등 주변국가와 외교마찰이 벌어질 정도로 민감한 곳이기도 하다. 특히 태평양전쟁을 일으킨 A급 전쟁범죄자 14명의 위패를 기리는 것은 한국과 중국에게는 도저히 용납될 수 없는

---

1. Iwata Shigenori, "인격신의 형성 - 야스쿠니 문제의 기층", 한국일어일문학회, 『일어일문학연구』88권 1호 (2014), pp. 3-14

이유이기도 하다.

　일본의 우익사상과 역사 인식을 상징하기도 하는 야스쿠니 신사의 원래 이름은 '섬뜩하게도' 조슈신사(長州神社)였다. 이토 히로부미를 비롯한 쇼카손주쿠 학생들과 조슈에서 태어난 인물들이 일본 곳곳에 조슈신사[초혼사(招魂社)]를 지었다. 그중 1869년 8월 도쿄의 지요타 구에 요시다 쇼인과 다카스키 신사쿠 등의 위패를 가져다 놓았다.

　그로부터 10년 뒤, 메이지 천황이 조슈신사의 이름을 야스쿠니 신사로 바꾼 것이 지금에 이르고 있다. 2018년 5월 현재 야스쿠니 신사에는 일본을 위해 목숨 바친 약 246만여 명의 위패가 있다. (그 중 대한제국의 이우왕자[2] 등 조선인 21,142명이 포함되어 있다. 강제징용자나 강제노역자가 대부분이라 신사에 일방적으로 위패를 둔 것에 대한 논란이 있다.)

　한편, 야스쿠니 신사 내부에는 1882년 개관한 『유슈칸(遊就館)』이란 박물관이 있다. 청일전쟁부터 태평양전쟁까지, 제국일본의 굵직한 전쟁들을 품고 있는 곳이다. 즉, 전쟁의 정당함을 선전하는 공간으로 '군국주의'의 실체를 구석까지 살필 수 있다.

　유슈칸 2층으로 올라가 첫 전시관에 들어가면 정면에 '요시다 쇼인' 동상이 앉아 있다. 교육칙어와 군인칙유는 전시공간을 별

---

2. 이우(李鍝, 1912~1945) : 조선 제26대 왕이며 대한제국의 초대황제인 고종의 손자. 일본 육군사관학교와 일본 육군대학교를 졸업하고, 일본 제국 육군에 입대했다. 1945년 8월 6일 히로시마에서 원자 폭탄에 피폭되어 다음날 사망했다. 유해는 운현궁 가족 묘지(경기도 남양주시 화도읍 창현리)에 안장되어 있다.

도로 마련해 두고 있으며, 시기별 국제정세와 제국일본의 입장을 매우 생생하고 정밀하게 묘사하고 있다. 부대원 700명이 돌격 전에 서명했다는 '필승' 일장기를 포함해 '옥쇄'한 군인들의 유서와 유품 그리고 각종 무기도 전시하고 있다. 안타깝게도 한국의 거의 모든 언론은 야스쿠니 신사와 관련된 보도를 다룰 때 그 근원에 대해 알리지 않으며 알려고도 하지 않는다. 야스쿠니 신사의 근원에는 요시다 쇼인이 있다.

설립당시의 야스쿠니 신사(초혼사)　　　야스쿠니 신사 유슈칸

유슈칸 내부 첫 전시물(쇼인 동상)　　　'필승' 일장기

3. 아베 신조 일본 총리

아베 신조 일본 총리는 야마구치 현에서 태어났다. 어린 시절 후루카와 가오루(古川薫)의『유혼록의 세계』를 애독하고, 요시다 쇼인과 관련된 서적을 즐겨 읽으며 영향을 받았고, "쇼인 선생을 존경한다"라고 공공연하게 말하는 것은 이미 잘 알려진 사실이다.

2004년에는 요시다 쇼인의 삶과 사상, 교육을 전파하고자 개간된『월간 쇼카손주쿠(月刊松下村塾)』의 창간호에 응원 메시지를 썼는데 '쇼인의 가르침에서 새로운 시대를 열어갈 가치관을 창출해 내자'라고 강조했다. 또한 이 글에서 자신의 아버지이자 유명한 정치인이었던 아베 신타로의 영결식에서『유혼록』을 인용해 추모했다고 밝히기도 했다.

일본의 총리는 태평양전쟁 패전일(매년 8월 15일)을 전후해 대게 야스쿠니 신사를 참배하거나 공물을 봉납해 왔다. 2013년 총리에 재선된 아베 신조는 그해 8월 13일 하기의 쇼인 신사를 참배하고, 쇼인의 묘지까지 찾아가 "쇼인 선생은 국가를 위해 자신의 몸을 바치는 매우 어려운 결단을 내렸다. 나도 앞으로 어려운 판단을 앞두고 있지만 (쇼인을 본받아) 올바르게 판단하겠다"라고 했다. 이후 일본의 집단적 자위권법이 개정되고, 우익화가 더욱 강력하게 추진되고 있으며, 경제성장을 견인해 최장기 집권의 발판을 마련했다. 2018년 현재는 일본 우익의 오랜 염원인 '전쟁할 수 있는 보

"오늘 죽겠다해도 사계절의 순환을 보며 평정심을 얻을 수 있다."

 여러분들에게 사랑받으며, 일본의 수상(총리)이 되는 것이 확실했던 정치인이었기 때문에 제 아버지의 죽음은 더 애석했습니다. 저는 아버지 신타로의 영결식에서 쇼인 선생님의 류혼록에 있는 "사계절의 순환"을 인용했습니다. 쇼인 선생님은 봄, 여름, 가을, 겨울의 계절이 있는 것처럼, 삶에도 하나의 순환이 있다고 여깁니다. 봄에 씨를 뿌려 싹을 틔우고, 여름에 쑥쑥 자라고, 가을에 결실을 보고, 겨울에 말라 죽는 곡식처럼, 각자의 생애에도 성장과 결실이 있다고는 것입니다. 사람의 수명은 정해진 바가 없지만, 몇 살 때 죽더라도 그 생애에는 저절로 사계절이 있다는 깨달음인 것입니다.
 예를 들면 10세에 죽은 사람에게는 10세 중에 자신의 사계절이 있고 30세, 50세, 또 100세에 죽더라도 각각 그 속에 각자만의 사계절이 있다는 것입니다. 67세로 타계한 제 아버지에게는 67세 중에 당신의 사계절이 있었습니다. 그가 총리를 눈앞에 두고 세상을 떠났다는 게 아깝다는 건 아닙니다. 그마저도 정치가로서 또 한 개인으로서의 생애를 다한 것이라고 생각합니다.
 제가 요시다 쇼인 선생님의 가르침과 생각에 공감하는 것처럼, 여러분 또한 감명받고 공감할 부분이 있지 않겠습니까? 새로운 가치관을 창출해야 하는 이 시대에 요시다 쇼인 선생님의 "쇼카손주쿠"는 우리에게 신선하게 이야기를 들려줍니다.

통국가'가 되기
까지 평화헌법
개정이라는 마
지막 수순만 남
아있다. (하지만
한국 정부는 일본

의 집단자위권과 관련하여 '우리의 동의 없이는 한반도에 자위대가 들어올 수 없
다.'는 안일한 태도로 일관하고 있다.)

160여 년 전 요시다 쇼인이 한반도 정벌을 강력하게 주장하
고, 그의 학생들이 '일본의 이익선은 한반도'라는 개념 아래 구체화
시킨 정책들은 오늘날 아베 신조를 포함한 우익정치세력의 신념
과 크게 달라진 것이 없다.

2016년 12월 15일 일본 야마구치 현에서는 푸틴 러시아 대
통령과 아베 신조 일본총리의 회담이 진행됐다. 1945년 태평양
전쟁 막바지에 참전한 러시아는 패전국 일본에게서 쿠릴열도의
4개 섬을 얻어냈고, 그곳에 대한 영토분쟁은 지금도 이어지고 있
다. 당시 회담에서 일본은 대규모 경제협력을 대가로 쿠릴열도
일부를 반환 받으려했고, 침체된 경제에 활력이 필요한 러시아도
긍정적인 신호를 보냈다. 회담에서 크게 결정된 사항은 없었지
만, 아베 총리는 10월 13일 국회에서 푸틴 대통령과의 회담에 임
하는 각오를 다음과 같이 밝혔다.

"요시다 쇼인 선생님은 이십일회맹사(二十一回猛士) 라는 강한 결의를 갖고 기존의 생각과는 다르게 행동했습니다. 안타깝게도 쇼인 선생은 21번의 기회를 얻지는 못하고 3번에서 끝내 돌아가셨지만, 저는 그 정신을 이어받아 이 교섭에서 어떻게든 결과를 내겠다는 결의를 다집니다."- 2016년 10월 13일

한편, 좌우명은 그 사람의 신념을 나타낸다. 아베 신조의 좌우명은 요시다 쇼인이 수없이 외쳤던 '지성(至誠)'이다. 공교롭게도 이토 히로부미의 좌우명도 '지성(至誠)'이었다. 일본 국회의사당 건너편에 있는 헌정기념관 1층에는 역대 총리들이 묵필로 쓴 좌우명이 걸려있는데, 아베 신조는 처음 총리에 당선된 2006년과 다시 당선된 2013년에 쓴 좌우명이 모두 '지성(至誠)'으로 적었다. 이토와 아베, 같은 고향, 같은 스승 그리고 같은 좌우명이다.

스스로를 요시다 쇼인의 제자라고 증명하는 아베 신조 총리

© https://www.youtube.com/watch?v=jArvo30L1nU

5장. 지금도 살아있는 요시다 쇼인

는 일본 국회의사당 중앙현관에 있는 '위대한 정치인'의 동상에 남겨진 마지막 한자리를 꿰차고, 고향 선배인 이토 히로부미와 어깨를 나란히 하고 싶어하는 것은 아닐는지.

아베 신조는 2020년 9월 16일 오랜 임기를 마쳤다. 무려 3,188일을 총리로 지냈고, 일본 역사 상 가장 오랫동안 재임했다. 야마구치현(옛 조슈번) 출신으로 총리를 지냈던 선배들을 뛰어넘은 대기록이다. 그리고 아베는 그의 선배 이토 히로부미처럼 퇴임 후에 활발하게 활동하던 중에 총으로 저격당해 사망했다. 사건은 2022년 7월 8일 오전 11시경, 나라시의 한 지하철역 인근에서 발생했다. 아베는 제26대 참의원 선거를 앞두고, 나라현에 출마한 후보자를 위해 지지 유세를 하던 중 야마가미 데쓰야(山上徹也)라는 41살 일본인이 만들고 쏜 총에 피격당했다. 아베는 인근 병원으로 이송되던 중 의식을 잃었고 17시 경 병원에서 사망했다. 야마가미는 해상자위대에서 복무했고, 통일교와 아베가 가깝게 지냈기 때문에 범행을 저질렀다고 밝혔다. 그의 어머니가 통일교를 믿으며 계속해서 헌금을 내다가 결국 파산하게 됐고, 오랜 기간 통일교 교주 문선명의 아내인 한학자를 암살하려고 생각했다. 그러다가 목표를 아베 신조로 바꿔서 총기를 제작하고 실행에 옮겼다. 총기를 엄격하게 규제하는 일본에서 이와 같은 일이 벌어져 전 세계는 충격에 빠졌고, 세계 각국 지도자들은 '인도-태평양 전략'을 제안했던 아베를 추모하고 애도했다.

아베의 부인 아키에 여사는 장례식에서 요시다 쇼인의 말을

일본국 역대 총리 재임일 순위 TOP 5

통해 남편을 추모했다. 2022년 7월 12일 "남편은 정치인으로서 끝내고 싶은 일이 많았지만, 자신만의 계절을 보내고 떠났다. 봄, 여름, 가을을 지나 마침내 그의 인생에 겨울이 왔다. 그는 씨앗을 많이 뿌렸으니 틀림없이 싹이 틀 것이다" 또한 "아베는 위대한 남자였다"라며 조문한, 트럼프 당시 미국 대통령에게 "아베는 본인 나름의 봄, 여름, 가을, 겨울을 보내고 마지막 겨울을 맞이했습니다."라고 했다. 요시다 쇼인이 유혼록에 남기고, 아베 신조가 자신의 아버지를 추모할 때 썼던 문구를 그대로 활용한 것이다.

아베 신조는 떠났지만 그를 중심으로 뭉쳤던 정치세력은 건재하다. 이처럼, 오늘날 일본의 정치지도자를 통해서도 요시다 쇼인을 만날 수 있다.

오늘날 일본의 정치 지도자를 통해서도 요시다 쇼인을 만날 수 있다.

4. 유네스코 세계문화유산 : 쇼카손주쿠

요시다 쇼인의 쇼카손주쿠는 2015년 7월 유네스코 세계문화유산에 등재됐다. 당시 조선인 강제징용유적인 군함도 등도 함께 등재 됐는데, 한국의 거의 모든 언론은 군함도에 대해서만 집중적으로 보도했다. 도종환 당시 국회의원(2018년 현재 문화체육관광부 장관)과 일부 위안부 피해자 단체가 쇼카손주쿠의 등재를 비판하고 문제를 제기했지만, 대한민국 외교부는 정례브리핑에서 "이 문제를 세계유산위원회 차원에서 제기하는 것은 효과적이지 않은 측면이 있다. 정부도 문제의식을 갖고 있는 만큼 유산 이외의 다양한 차원에서도 관련 방안을 검토해 나가고자 한다"[3]라고 언급하곤 지금까지 어떠한 대응도 없었다. 외교부는 되레 '군함도 등이 등재될 때 강제노역 사실을 등재결정문에 반영하는 외교적 성과를 발휘했다'라며 자화자찬했을 뿐이다. 보고도 못 본 척, 아니 아예 보는 것조차 제대로 하지 않고 자기칭찬과 자기 위로로 일관하는 정부의 모습을 보며, 도대체 누구를 위한 정부인지 물음표만 하염없이 떠올랐다.

---

3. 대한민국 외교부 2015년 7월 7일 정례브리핑

　아베 총리가 집권하고 난 뒤 일본 정부는 하기(萩)성 거리, 금속용광로, 서양식 조선소 터, 제철유적 4곳과 쇼카손주쿠까지 5개 유적을 하나로 묶어 "근대산업화 유산"이라는 명분으로 세계문화유산에 등재하는데 성공했다. 자그마한 학교인 쇼카손주쿠를 산업화 유적으로 묶은 것은 참 억지스러운 일이지만, 일본 산업발전에 기여한 인물들이 배출됐다는 명분이 통했다. '공학'교육과 거리가 먼 요시다 쇼인을 '공학교육의 선구자'라고 칭송하는 수준이다.

　하지만 주변 국가를 침략하며 자국의 성장을 이끈 인물들의 학교가 세계인이 기리는 문화재로 선정된 것은, 조금 극단적으로 표현하면 독일의 히틀러가 다닌 학교가 문화유산에 등재된 것과 크게 다르지 않은 처사라고도 볼 수 있다.

하기 시는 2019년 명륜관 건물에 새로운 전시실을 개관했다. 입구부터 요시다 쇼인과 그의 수제자 다카스키 신사쿠가 맞이하며 내부는 요시다 쇼인과 쇼카손주쿠를 중심으로 일본의 산업화 과정을 설명하는 콘텐츠가 가득 들어찼다. VR/AR과 각종 소품 및 도구들을 활용해 매우 생생하게 체험할 수 있게 꾸려놓았다. 이곳을 찾는 사람들은 남녀노소 다양하며 특히 유치원부터 대학교까지의 학생들이 끊임없이 찾아와 콘텐츠를 섭취하고 있다.

필자가 현장에서 실제로 VR기기를 써보니 완벽하게 재현된 쇼카손주쿠 강의실에서 쇼인과 제자들이 겪었던 일화를 보여줬다. 그리고 쇼인이 필자와 눈을 마주치고 대화를 했다. 그와 정말로 눈을 마주치는 느낌이었다. 말미에는 쇼인과 제자들이 함께 서서 말한다. "우리의 시대는 끝났습니다. 이제 미래는 여러분의 것입니다. 당신이 가진 '뜻'은 무엇입니까?" 필자가 일본인이었다면 크게 감동하고 가슴이 울컥해질 수준이었다.

명륜관 입구의 쇼인과 신사쿠

명륜관에서 쇼카손주쿠 VR체험 중인 저자

한편 마쓰시타 전기의 창업자인 마쓰시타 고노스케(松下幸之助, 1894~1989)가 설립하고, 일본 각계에 훌륭한 인재를 배출하고 있는 '마쓰시타 정경숙(松下政經塾)'은 쇼카손주쿠를 롤모델로 삼고 운영하고 있다.

일본에서 최고로 성공한 학교라고 평가받기도 하는 쇼카손주쿠, 일본 근대산업화의 유산(?)인 쇼카손주쿠는 인류가 영원히 보존해나가야 할 문화유산으로 기려지고 있다. 이 모든 것은 한국사회가 8개 지역 23개의 유적 중 18번째인 '군함도'에만 온통 매몰되어 있을 때 벌어진 일이다. 요시다 쇼인의 흔적과 그 정신은 앞으로도 살아 숨 쉴 것이다.

5. 천황제도

── 일본국헌법 ─────────────────────

제1장 천황
제1조 천황은 일본국의 상징이며 일본 국민통합의 상징으로서 그 지위는
　　　　주권을 가진 일본 국민의 총의에 기초한다.
제2조 황위의 세습과 계승
제3조 천황과 내각의 관계
제4조 천황의 국정권한
제5조 천황의 섭정
제6조 천황의 내각총리대신(총리), 재판관 임명 권한
제7조 천황의 관여가능업무(헌법개정, 국회소집 등)
제8조 황실의 재산관리

오늘날 일본 헌법의 제1장이 천황에 대한 내용인 것을 아는 사람은 드물다. 엄밀히 따지면 일본은 천황에게 정신적으로 종속된 국가라고도 볼 수 있다.

천황은 원래 정해진 종교의식을 집행하는 존재일 뿐이었다. 앞에서도 밝혔듯이 천황에 대한 기록은 8세기경 편찬된 일본 최초의 역사서『고사기(古事記)』와『일본서기(日本書紀)』에서 유래한다. 1192년부터 권력을 장악한 사무라이집단은 통치의 정당성을 확보하고, 권력을 유지하기 위해 천황의 존재를 필요로 했다. 일종의 바지사장으로써 막부가 설정한 관직의 임명장을 주는 존재였다. 1632년 이후에는 천황이 궁궐 밖으로 나가는 것을 금지되었고 학문과 예능 활동에 전념해야 했다.

고사기   일본서기

전통적으로 천황의 존재를 신봉해온 세력과 그렇지 않은 세력이 나뉘어 일본의 정치 구도를 형성했다. 천황의 의사를 무시하고 일방적으로 서양세력과 조약을 맺은 에도막부를 없애고, 일본의 국체(國體), 즉 천황 중심의 질서를 바로 세우는 것은 요시다

217

쇼인의 지상과제였다. 그의 뜻을 이어받은 쇼카손주쿠 학생들과 전국에 퍼져있던 지사들에 의해 뭇사람들의 관념에만 머물던 존재인 천황은 사회전면에 등장하게 됐다. 존왕양이 운동의 불꽃이 일기 시작한 것이다.

1868년 메이지 유신을 이끈 인물들은 14살 소년에 불과한 천황을 '살아있는 신'으로 떠받들었다. 천황을 데리고 전국을 돌아다니며 민중들에게 그 존재를 각인시키고, 군인칙유(1882년)와 교육칙어(1890년) 등을 반포하고 민중을 세뇌시키며 자발적 복종을 강요했다.

그리고 이토 히로부미는 1889년 일본제국헌법 제1조에 "대일본제국은 만세일계(萬世一界)의 천황이 통치한다."라는 문구를 넣었다. 일본이 청일전쟁(1894년)과 러일전쟁(1904년)에서 승리하면서 '일본은 신이 세운 나라', '신이 지켜주는 나라', '세상에서 가장 존귀한 나라' 등의 사상이 더욱 힘을 얻게 됐고, 천황제는 종교적이며 정치적인 신념체계로 발전했다.

'세계는 모두 천황의 지배 아래 있다.(八紘一宇, 팔굉일우)'라는 논리는 일본의 주변국가 침략을 정당화하는 데 이용되었고, 태평양전쟁에 이르러서는 "상관의 명령은 곧 천황의 명령이다", "천황이 있는 곳에서 죽으면 더할 나위 없다"라는 논리를 강요한 결과가 가미카제 자살특공대, 집단할복 등의 극단적인 모습으로 변형됐다.

1945년 8월 원자폭탄 2발을 피격당한 일본은 미국에 백기를 들었다. 일본을 일시적으로 통치하게 된 미국 맥아더 장군은 일본 사회의 반발 등을 고려해 천황을 처형하지 않고 상징적 존재로 남겨두었다.[4] 1946년 1월 1일 쇼와천황이 '천황도 인간이다.'이라고 선언했지만 그 상징적 지위는 오늘날까지도 여전히 압도적이다. 천황 가문을 나타내는 국화문양은 야스쿠니 신사, 일본 국회의원 배지 등 다양한 곳에서 쓰이고 있다.

일본인의 삶과 의식에 깊숙하고 조용하게 침투해 그들 스스로를 속박하고 억압하는 천황제도는 기도 다카요시, 이토 히로부미 등 요시다 쇼인의 사람들이 정립했다. 그리고 오늘날 일본의 우익지도세력에게서 '지성'을 다해 천황을 위하던 요시다 쇼인의 숨결을 느낄 수 있다.

천황가문 문양 / 국회의원 배지

---

4. 이때 만들어진 것이 지금의 '일본 평화헌법'이다. 일본의 우익세력은 당시 미군이 만든 헌법을 뜯어고쳐서 '일본을 일본답게 되돌리자'고 주장한다. 즉, 공식적으로 군대를 가질 수 있는 일본을 만들기 위해 힘쓰고 있다.

6. 광개토대왕비

고구려의 역사와 광개토 대왕의 업적이 담긴 광개토대왕비는 중국의 지린성에서 발견됐다. 청나라는 1870년대 후반에야 일반인이 만주지역을 개간할 수 있도록 허락했다. 농부들이 땅을 고르다가 거대한 비석을 발견하였고, 보고를 받은 청나라 관리는 그 비석의 탁본(拓本)을 떴다.

역사적으로 중요해 보이는 비석이 발견됐다는 소식은 여기저기로 퍼져나갔는데, 1883년 일본군 첩보장교 사코 가게노부(酒勾景信, 1850~1891)는 현장에서 그 비석이 지닌 가치를 직감적으로 눈치채고, 청나라 관리들이 가지고 있던 탁본을 몰래 빼내 일본으로 가져갔다. 일본군에 소속된 학자들이 몇 년에 걸쳐 비문을 판독하고 분석하여, 1888년 임나일본부설과 고구려의 역사를 연계한 분석결과를 발표했다. 조선은 그제야 광개토대왕비의 존재를 알게 됐다. 광개토대왕비의 존재와 그 역사는 33세 일본군 청년 장교에 의해 알려지게 된 것이다.

바로 이 청년 장교 사코는 조슈번과 함께 메이지 유신을 이뤄낸 사쓰마(薩摩, 가고시마 현)번에서 태어났다. 1877년에 일본 육군사관학교를 1기로 졸업하고 임관한 뒤, 청나라로 파견되어 만주 일대를 측량하고 지도를 만드는 임무[5]를 담당했다. 당시 일본 육군참모본부는 첩보원들에게 리빙스턴의 여행기와 요시다 쇼인의 책을 필독서로 지정하고 읽혔는데, 쇼인의 '비이장목(飛耳長目, 하늘 높이 귀를 열고 멀리 보아라)' 즉 정보를 다루는 마음가짐과 그의 애국정신을 주입한 것이다.[6] 요시다 쇼인은 곳곳에서 끈질기게 숨쉬고 있으며, 한반도의 역사와도 절묘하게 호흡하고 있다.

7. 국사관 대학교

일본 도쿄 세타가야구에는 쇼인 신사와 묘지가 있다. 그 바로 옆에는 "고쿠시칸 대학교(国士館大学, 국사관 대학교)"가 있다. 이 학교는 1917년 겐요샤(玄洋社, 현양사)라는 단체가 '요시다 쇼인의 정신을 받들겠다'라며 만들었다. 겐요사는 1881년부터 1946년까지 존재했던 일본 최초의 우익단체로 범아시아주의를 제창하며 제국일본의 팽창정책에 연료를 주입했다. 특히 민비(명성황후) 시해의 뒷배로도 알려져 있다.

이 학교는 (반일을 국시로 삼았던) 문재인 전 대통령의 딸 문다혜 씨가 졸업한 대학교로도 화제가 된 적이 있다. 학교가 추구하

---

5. 산둥과 만주의 지형과 지물, 군부대 등을 세밀하게 나타낸 그의 지도는 청일전쟁·러일전쟁에 활용되고, 정한론의 근거로도 쓰였으며 지금은 미국 의회도서관에 보관돼 있다.

6. '광개토대왕비 우울한 진실'(2016년 8월 17일 중앙일보 박보균 칼럼) : 칼럼에서는 일본을 경계하는 것뿐만 아니라 '친선을 위해서라도 철저하게 지피지기(知彼知己)해야 한다'라고 강조한다

는 비전은 건학이념에 명확하게 드러나 있다.

"요시다 쇼인의 정신을 매일 '실천'하며 심신 단련과 인격 수양을 도모해 국가와 사회에 공헌하는 지력과 담력을 갖춘 인재, 즉 '국사(国士)'를 양성한다."

학교가 추구한 교육방식은 「독서·체험·반성·사색」이다. 쇼인이 이토 히로부미 등 제자들을 가르쳤던 것과 같다. 대학 홈페이지(https://www.kokushikan.ac.jp/)에 '쇼인의 뜻을 본받아 새 시대의 쇼카손주쿠가 되고 싶다'고 밝히고 있으며, 학교 교가는 '천황에게 충성하며 쇼인을 본받자'는 내용으로 꾸려져 있다.

< 고쿠시칸 대학교 교가 >
1절: 안개를 헤치고 떠오르는 태양을 우러르고, 나뭇가지에 높이 뜬 달을 따라, 황국에 순순히 목숨을 바치는 대장부들의 들판, 고쿠시칸!

2절: 요시다 쇼인을 모신 신사에서 절하며 뛰어난 기개를 밝히니, 내쉬는 숨처럼 아침이나 저녁이나 후지산에서 하늘의 바람이 불어온다.

고쿠시칸 대학교

교가 비석

3절 : 이승의 몸을 장작으로 삼고 큰 깨달음의 불꽃을 피우니, 온 세상이 타오르고 지극한 마음(화염)이 퍼져나간다.

8. 서적 수 0 vs 1,200 그리고 역사 교과서

일본의 아마존 온라인 서점에서 요시다 쇼인의 이름을 입력하면 약 1,200여 권의 책을 찾아볼 수 있다. 반면 대한민국에는 요시다 쇼인을 주제로 다룬 책이 단 한 권도 없다. 일본의 역사나 사상을 다룬 책에서 잠시 쇼인이 다뤄지거나 역사학자들이 쓴 논문만 몇 편 있을 뿐이다.

하기의 시립도서관에는 하기 출신 인물들과 관련된 서적이 일목요연하게 수집되어 있는데, 특히 요시다 쇼인의 자료는 특별히 공간을 분리해 빼곡하게 모아놓았다.

한편, 도쿄 신주쿠의 기쿠노미야 서점에는 요시다 쇼인을 다룬 책이 서가 한 칸을 꽉 채우고 있었다. 쇼인의 생애, 스승, 사상, 읽은 책, 이성관, 명언, 제자 등 다양한 분야에서 쇼인을 다루었다.

일본의 유명한 소설작가 시바 료타로(司馬遼太郞)는 손정의 소프트뱅크 회장이 모토로 삼고, 일본인들에게도 인기가 많은 사카모토 료마를 다룬 『료마가 간다』라는 책으로 한국에도 잘 알려져 있다. 그는 요시다 쇼인과 그의 제자 다카스키 신사쿠를 다룬 소설 『세상에 사는 나날(世に棲む日日, 2003, 전4권)』을 펴내기도 했다. 또한 『도쿠가와 이에야스(전32권)』 등으로도 유명한 야마오카 소하치 역시 『요시다 쇼인(1968)』을 다뤘다.

▲ 하기 시 도서관 요시다 쇼인 자료
▼ 도쿄 기쿠노미야 서점 서가

또한 일본의 초, 중, 고등학교에서는 역사 교과서 등을 통해 요시다 쇼인을 가르친다. 특히 하기의 명륜소학교에서는 아침 조회시간마다 '쇼인선생의 말씀'을 큰 소리로 낭송한다. 게다가 학교의 중앙현관에는 쇼인의 동상이 놓여있고, 쇼카손주쿠의 정신이 걸려있다.

명륜소학교 중앙현관　　　　　하기 시 명륜소학교, 구 명륜관 터

2018년 7월 현재, 대한민국의 모든 공교육과 사교육을 통틀어 어디에서도 요시다 쇼인의 이름을 찾아볼 수 없다. 인터넷 포털 사이트에서 검색한 요시다 쇼인은 "광기의 사상가"라고 요약되어 있다. 그를 광기(미친 듯이 날뛰는 기질을 속되게 이르는 말)로 표현하는 것은 너무나 주관적이고 편협한 시각이며, 쇼인을 그렇게 정의내리는 순간 시야가 좁아지고 만다.

한국이 요시다 쇼인에 대해 이렇게 무지한 이유는 도대체 무엇일까? 왜 그런 걸까? 물음표가 이어진다. 이제라도 '한 권'이 나올 수 있게 되어 다행이다.

9. 은혼 & 라이즈 오브 더 로닌

2004년부터 2019년까지 약 15년간 발행된, 은혼이라는 애니메이션(총 77권)이 있다. 에도 시대를 배경으로한 일종의 시대극으로 한국인들에게도 유명하다. 극 중에는 요시다 쇼요라는 인물이 등장한다. 굶주림에 찌든 채 전쟁터를 떠돌던 어린아이를 쇼카손주쿠에 데려와 가르치는 장면도 있고, 사카타 긴토키(사무라이 정신을 간직한 주인공), 가츠라 고타로, 다카스기 신스케 등 많은 제자를 가르친 스승으로 나온다. 여기서 요시다 쇼요(松陽)는 요시다 쇼인(松陰)의 음(陰)을 양(陽)으로 글자만 슬쩍 바꾼 것이다. 또한 쇼인의 제자였던 가츠라 고고로(기도 다카요시)와 다카스키 신사쿠도 각각 가츠라 고타로와 다카스키 신스케로 캐릭터화됐다. 한국인 중에는 '은혼의 요시다 쇼요'는 알지만 정작 실제 인물인 '요시다 쇼인'을 모르는 경우가 많은 현실이다.

2023년 2월, 소니코리아는 〈라이즈 오브 더 로닌〉이라는 액션 게임을 전 세계에서 출시하되 한국에서는 발매하지 않기로 발표했다. 이 게임은 19세기 후반 에도막부 시대가 끝나가는 시점을 배경으로 삼고 특히 보신전쟁을 중심으로 사무라이(로닌)들의 이야기를 구현한 플레이스테이션 전용 게임이다. 게임을 좋아하는 한국인들은 공식 발매를 기다리고 있었다고 한다. 그런데 왜 한국에서만 할 수 없게 된 걸까?

이 게임을 개발한 '팀닌자' 회사의 총괄디렉터 야스다 후미히코의 공식인터뷰가 문제가 됐다. 그는 게임을 소개하는 영상에서 쇼카손주쿠를 찾아가서는 "요시다 쇼인은 일본에서는 소크라테스에 필적하는 인물이라 생각한다"라고 말했다. 게임에 요시다 쇼인이 담겨있는 것은 물론이고, 이토 히로부미, 야마가타 아리토모, 사이고 다카모리 등 한국으로서는 꺼림칙한 인물들이 대거 등장한다. 이런 사실이 한국사회에 알려지면서 각종 커뮤니티를 중심으로 논란이 번지게 됐고, 결국 발매를 취소하게 된 것이다.

'쇼인은 소크라테스'라는 주장은 어불성설이다. 쇼인은 인간사를 관통하는 철학적 본질을 추구하지는 않았다. 그리고 쇼인의 교육관은 침략적이며 폭력적인 주장으로 이어지며, 그가 추구했던 권력은 누구를 위한 것이었는지 반문할 수 있다. 제국일본의 논리를 되풀이하는 야스다에게 되묻고 싶은 부분인 한편, 요시다 쇼인을 바라보는 일반적인 일본인들의 시선도 이와 크게 다르지 않다는 사실을 짚을 수 있다.

한편, 이런 질문도 던져봄 직하다. 미국, 유럽, 동아시아 국가들이 2차 세계대전, 태평양전쟁, 식민지배 시기를 다룬 각종 게임을 비난하며 발매 철회하는가? 그렇지 않다. 쇼인을 연구하고 드러낸 저자로서 바람이 있다면, 무조건적인 차단보다는 플레이 후 게이머들이 담론을 형성하며 질문을 던지고 지피지기하는 모습이 보다 성숙한 역사 인식과 발전적인 미래로 나아가는 사회의 모습이지 않을까 생각하게 된다.[7]

요컨대, 요시다 쇼인은 애니메이션, 게임 등으로 여전히 생생하게 살아 숨 쉬고 있다.

10. 대중매체 : TV 드라마, 영화, 음악

TV 매체에는 이데올로기를 주장하기 위한 의도가 직접적으로 담기기도 한다.[8] 일본의 국영방송인 NHK에서는 매년 정월부터 1년 동안 장편의 대하 드라마를 방영한다. 그간 오다 노부나가, 도요토미 히데요시 그리고 도쿠가와 이에야스 등이 등장하는 전국시대를 다룬 드라마가 주를 이뤘다. 그런데 아베 신조가 총리에 선출된 2013년, 요시다 쇼인과 쇼카손주쿠 학생들을 다룬

---

7. 2024년 2월 현재 85만 명의 구독자를 보유한 유튜브 G식백과 채널에서 관련된 저자인 터뷰를 포함해 관련된 내용을 다루기도 했다. 〈오직 한국에만 팔지 않는 일본 게임〉 https://youtu.be/5TOFOIlGp7g?si=CkIb2SZyulVFeA0x

8. 존 피스크 저, 박만준 역 『대중문화의 이해』, 경문사(2002), p. 36

드라마를 제작하기 시작했고, 2015년 한 해 총 50회 분량으로 '꽃 타오르다(花燃ゆ, 하나모유)'를 방영했다. 전국 평균 시청률 13%를 기록한 이 드라마는 특이하게도 쇼인의 여동생인 '후미'를 주인공 으로 내세웠다. 요시다 쇼인과 그의 학생들을 전면에 들어내지 않으면서 부드럽게 포장하기 위한 절묘한 의도가 돋보인다.

이처럼 NHK 대하 드라마 주인공을 보좌하는 보조 인물을 주 인공으로 설정하는 시도를 자주 하는데, 이는 주인공을 새로운 관점의 영웅으로 구현하려는 의도가 담겨있다. 최근에는 등장인 물들의 사상을 시청자들에게 교육하고 국가주의적인 사고방식 을 자연스럽게 학습시키는 효과를 노리고 있다. 아베 신조 총리 가 당선된 직후 만들어진 요시다 쇼인의 드라마가 일본 전역에 방영되던 바로 그해, 쇼카손주쿠가 세계문화유산에 등재된 것은 결코 우연이 아니다.

유튜브에서도 요시다 쇼인을 다룬 다양한 동영상을 찾아볼 수 있다. 1989년에는 그를 기리는 가요가 만들어져 불리기도 했다.

── 요시다 쇼인 ─────────────────────

작사: 호시노 테츠로(星野哲郎)
작곡: 하마구치 크라노스케(浜口庫之助)
노래: 오가타 다이사쿠(尾形大作)

ⓒ 유튜브

목숨을 모두 걸었던
요시다 쇼인의 나라를 걱정하는 꿈
초망굴기로 맺어진 쇼인의 열매는
구사카 겐즈이에게 이어지고, 꽃은 침나무 가지에 핀다.
입으로 말하는 것보다 실천하는 것이
지사의 자랑이고, 죄를 각오하니 시모다 항(벤텐 섬)의
파도도 칭송하는 남자의 의로운 기운
아무것도 없는 젊은이들의 욕심 없고 끝없는 진심이
일본의 내일을 만들었다.
쇼카손주쿠와 조슈의 영혼이
지금도 살아있는 하기의 거리

한편, 1924년부터 2015년까지 28편의 드라마와 영화에서 쇼인을 다뤘다. 2010년에는 요시다 쇼인 탄생 180주년을 기념해 만든 '감옥에 피는 꽃(獄に咲く花, 고쿠니 사쿠하나)'라는 영화가 상

영되기도 했다. 요시다 쇼인은 대게 '꽃(花)'으로 비유되며 영웅으로서 상징화되고 있다. 이렇게 책, 드라마를 비롯한 다양한 매체를 통해 확대재생산 되는 요시다 쇼인은 일본 사회 깊숙이 스며들어 있다.

요시다 쇼인이 등장하는 드라마와 영화

구분	제작연도(년)	제 목(제작사)
1	1924	桜田快挙録
2	1930	水戸浪士
3	1932	井伊大老勤王党殺戮史 安政大獄
4	1934	井伊大老斬奸第一声 安政大獄篇
5	1939	松下村塾
6	1941	日柳燕石
7	1944	剣風練兵館
8	1959	灯、今も消えず - 吉田松陰
9	1962	桂小五郎
10	1963	高杉晋作
11	1967	若き日の高杉晋作
12	1969	吉田松陰(KTV)
13	1971	天皇の世紀(ABC)
14	1974	勝海舟(NHK)
15	1977	花神(NHK)
16	1978	風が燃えた(TBS)
17	1983	大奥(KTV)
18	1988	花の生涯(TX)
19	1991	炎の如く 吉田松陰(山口放送)
20	1996	竜馬におまかせ！(NTV)
21	1998	徳川慶喜(NHK)

구분	제작연도(년)	제 목(제작사)
22	2000	蒼天の夢 松陰と晋作·新世紀への挑戦(NHK)
23	2010	獄に咲く花
24	2010	龍馬伝(NHK)
25	2012	知られざる幕末の志士 山田顕義物語(MBS)
26	2012	陽だまりの樹(NHK)
27	2013	八重の桜(NHK)
28	2015	花燃ゆ(NHK)

출처 : http://www.geocities.jp/kimkaz_labo/person-index-yo.html

11. 다양한 모습으로 살아있는 요시다 쇼인

하기에 가면 도시 전체가 요시다 쇼인과 조슈번 출신의 인물들을 기리고 있는 모습을 심심찮게 볼 수 있다. 대형마트에는 쇼인 떡, 쇼인 빵, 쇼인 과자 등이 있고, 식당과 가게마다 "메이지 유신의 영웅들"이란 제목으로 각 인물들의 사진과 캐릭터가 걸려있다.

하기의 특산품인 도자기를 파는 상점마다 쇼인상을 입구에 세워놓고, 쇼인 커피, 쇼인의 생애를 담은 새해 달력과 각종 어플리케이션도 있을 만큼 추앙받고 있다. 이외에도 매년 요시다 쇼인 등을 기리는 대규모 행사가 열리고, 2012년 부터는 '하기 유신 검정'이란 역사검정시험을 통해 일반인들에 자격증을 부여한다. 또한 시 곳곳을 누비는 MARU 버스의 코스이름을 "쇼인 선생"이라고 할 만큼 쇼인을 기리고 있다.

한편, 오늘날 일본의 행정구역은 도쿄도, 홋카이도, 그리고 2부(오사카, 교토) 43현으로 구분된다. 도쿄도, 2부 그리고 26개 현에 걸쳐 요시다 쇼인을 기리는 역사유적 163개가 있다.

그리고 요시다쇼인닷컴(http://www.yoshida-shoin.com/)이라는 홈페이지에서는 쇼인에 대한 모든 것과 오늘날 진행되는 각종 행사를 집약해서 보여주고 있다. 또한 주식회사 '쇼인'은 '쇼인숙(https://www.showin.co.jp/)'이라는 전국 체인학원을 운영한다. 쇼인숙은 초등학교 1학년부터 중학교 3학년까지의 학생들의 학력 향상을 돕는 사교육기관이다. 요시다 쇼인의 문답식 교육, 반복학습, 스스로 생각하며 이해하는 교육 등을 모토로 삼아 AI 쇼인 시스템도 만들었다. 전국 곳곳에 위치해 있으며 도쿄의 쇼인 신사 바로 앞에도 쇼인숙 학원이 있다.

'자신의 이익을 위해 한 행위를 마치 상대방을 위했던 것처럼 말한다.'는 언행을 일본어로 '오타메고카시(御為ごかし)'라고 한다. 청나라로부터 독립시켜 주고자, 조선을 근대에서 벗어나게 해주고자, 왕조에 착취당하는 조선 민중을 구해주고자 한반도를 점령했다는 논리들을 '오타메고카시'의 사례로 볼 수 있다.

'일본의 국체를 바로 세우자'라는 논리부터 주변국을 침략하고 정벌하여 부국강병을 꾀해야 한다는 요시다 쇼인의 주장에도 '오타메고카시'의 여지가 담겨있다. 하지만 폭력은 폭력을 두려워하기에 더욱 큰 폭력을 원하게 되었고, 쇼인의 뜻을 이어받은

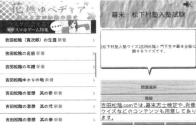

인물들은 주변국가와 그들이 그토록 아끼던 일본에도 비극을 안기게 됐다.

역사는 묘하게 이어져 2018년 오늘날에도 아베 신조로 대표되는 우익세력에 의해 '요시다 쇼인'은 재생산되고 있다. 일본은 여전히 '오타메고카시'라는 폭력의 고리에서 벗어나지 못하고 있다.

우리는 이제껏 보고 싶은 것만 보고, 듣고 싶은 것만 들으려한 건 아닌지 진지하게 되돌아봐야 한다. 자신과 상대방의 역사를 객관적으로 인식할 때 이해와 배려의 여지가 생겨나고, 진정으로 소통할 수 있으며 사과, 용서, 화해 등으로 건강한 관계를 구축할 수 있다. 증오와 혐오의 뿌리를 끊지 않으면 끝없는 대립과 갈등만 이어질 뿐이다.

역사의 주인이 되어 이끌어 갈 것인지, 아니면 남들이 만들어가는 역사의 손님이 되어 바라보고 끌려갈 것인지는 우리의 진지한 성찰과 지피지기(知彼知己)에 달려 있을 것이다.

요시다 쇼인 관련 사적 분포

구 분		총 163개소
1	야마구치 현	38
2	나가사키 현	10
3	구마모토 현	4
4	사가 현	2
5	후쿠오카 현	1
6	히로시마 현	2
7	효고 현	3
8	아이치 현	2
9	도쿄도	16
10	카나가와 현	6
11	지바 현	2
12	이바라키 현	11
13	후쿠시마 현	7
14	니가타 현	5
15	아키타 현	2
16	아오모리 현	14
17	이와테 현	1
18	미야기 현	6
19	야마가타 현	2
20	도치기 현	2
21	카가와 현	1
22	나라 현	2
23	오사카부	5
24	기후 현	1
25	미에 현	1
26	교토부	4
27	오이타 현	1
28	시즈오카 현	11
29	에히메 현	1

진정한 지피지기(知彼知己)를 위해

나는 이 책을 쓰기 위해 지난 2년 동안 일본을 몇 차례 홀로 다녀왔다. 오늘날 한국인도 많이 찾는 후쿠오카의 중심가에는 '구시다 신사(櫛田神社)'가 있다. 757년에 세워지고 후쿠오카에서 가장 큰 이 신사에는 일본 사무라이들이 명성황후(민비)를 살해할 당시에 쓰인 칼이 보관되어 있다고 한다. 신사 한켠에는 소원을 적어 걸어두는 공간이 있는데, 이곳을 찾은 수많은 한국 관광객들이 가족의 행복, 사랑, 입시/사업 성공 등을 기원하며 정성담긴 소원패를 걸어놓은 것을 볼 수 있었다.

한편, 일본의 수도인 도쿄에는 메이지 천황을 기리는 메이지 신궁이 있다. (가장 많은 일본인이 찾는 신사로도 유명하다.) 메이지 천황은 조선을 침략하고 한반도를 식민지로 만든 시기에 재위하고 그는 이토 히로부미 등에 의해 '살아있는 신'으로 여겨졌던 인물이다. 이곳에서도 후쿠오카와 마찬가지로 많은 한국 관광객들이 소원을 빌고 있는 모습을 볼 수 있었다.

'어디서부터, 무엇이 잘못된 걸까?' 구시다 신사에서, 메이지 신궁에서, 터져 나오는 눈물을 삼켜야 했다. '알지 못함'은 한국인으로서 갖춰야 할 최소한의 품위마저도 허락하지 않고 있었다.

이 책을 쓰는 내내, 아니 요시다 쇼인의 이름을 알고 나서부터 거의 매일 머리에서 떠나지 않는 질문이 있다.

'대한민국은 왜 요시다 쇼인을 잘 모르는 걸까? 한반도 역사와도 밀접하게 얽혀있는 그의 이름을, 그 많았던 역사수업에서 왜 단 한번도 접하지 못했던 걸까?'

갑자기 나타나 무력으로 위협한 미국에 무릎 꿇고 불평등한 개방협정을 맺었던 일본은 러시아, 영국, 네덜란드 등의 국가에게도 연달아 굴욕을 당했다. 서양국가의 강요에 대응하기 위한 군사력과 경제력을 갖추지 못했던 것이다.

에도막부를 지지하는 세력과 그렇지 않은 세력이 벌이는 다툼은 일본 사회를 더욱 혼란에 빠트렸고, 결과적으로 '천황'이란 절대적인 존재가 모든 권력을 손에 쥐게 되었다. 천황을 앞세운 정치인들은 메이지 유신이라 여겨지는 전 방위적인 근대화정책을 추진하며 헌법과 의회제도를 만들고, 행정구역을 현대화하고, 사회제도와 교육제도를 갖추고, 경제발전정책과 강력한 군사력 강화정책 등을 추진했다. 일본은 차츰 힘을 길러 서양 세력에게 당했던 과정을 응용하여 조선, 대만 등을 강제로 개항시키고, 일방적으로 무역협정을 체결하면서 자국의 이익을 극대화했다.

그런데 일본의 눈부신 성장은 곧 아시아지역의 전통적인 패권자였던 청나라와의 마찰로 이어졌다. 청나라와의 전쟁에서 압도적으로 승리하고, 러시아와의 전쟁에서도 승리를 거머쥔 일본은 세계 최강국의 하나로 인정받게 되고, 오랜 염원이었던 불평등한 무역협정들을 평등하게 고치며 서양 국가들과 어깨를 나란히 하는 수준에 이르렀다.

한편, 일본의 바로 옆에 있는 조선은 나라 밖의 사정에 별다른 관심을 가지지 않았고, 새로운 시대를 준비하지도 않았다. 나라를 부강하게 하고 문화를 발전시키려 했던 정조(1752~1800)[9]가 세상을 떠난 뒤, 안동 김씨와 풍양 조씨 가문이 권력을 휘어잡으면서 왕의 권한이 약해지고 조세제도와 신분제도가 문란해졌으며, 경제/사회적으로 각종 부패와 폐단이 심해졌다.

1866년 홍선대원군[10]이 천주교도를 박해한 사건(프랑스 9명, 한국인 천주교도 8천여 명 학살)에 분노한 프랑스 함대가 강화도 지역을 공격하고(병인양요), 1871년에는 미국함대가 침략했는데(신미양요), 이를 계기로 홍선대원군은 더욱 강력하게 나라의 문을 걸어 잠갔고 권력유지에 몰두했다.

1875년 9월 '일본의 흑선'인 운요호가 강화도 앞바다에 나타나 강제로 개항한 뒤, 연달아 서양 국가들과 불평등한 조약을 맺게 됐다. 그리고 일본, 청나라, 러시아 등의 내정간섭이 이어졌고, 외세의 개입에 저항할 힘을 스스로 기르지 못한 조선은 결국

---

9. 정조(正祖, 1752~1800) : 조선의 제22대 왕. 정약용 등을 등용하고, 법전을 다시 간행하고, 수원 화성을 축성하는 등 조선 후기의 중흥기를 이끈 대표적인 지도자였다.

10. 홍선대원군(興宣大院君, 1820~1898) : 조선 후기의 왕족이자 정치가로 본명은 이하응(李昰應)이고 대한제국 고종황제의 친아버지이다. 1864년부터 어린 고종을 대신하여 국정을 이끌고, 왕권을 강화하는 정책을 추진하고, 개항을 요구하는 서구 열강의 침략에 대해 강경하게 대응했다. 서원을 철폐하고, 동학과 천주교를 탄압하고 박해했다. 1873년 11월 명성황후와 유학자, 안동김씨와 풍양 조씨의 세도가들에 의해 축출된 뒤에는 명성황후와 지속적으로 권력투쟁을 벌이기도 했다.

5장. 지금도 살아있는 요시다 쇼인

일본의 식민지가 되고 말았다. 지피지기를 철저히 하지 않고 아집에 머무른 결과는 너무나 비참했다.

서애 류성룡(柳成龍, 1542~1607) 선생은 임진왜란 7년을 돌아보며 『징비록(懲毖錄)』[11]을 편찬했다. "미리 징계하여 후환을 경계한다"라는 뜻의 이 책은 시간이 지나면서 창고에 묵히게 됐지만, 외교사절로 조선을 찾은 일본의 한 관리에 의해 일본으로 건너간 뒤에는 베스트셀러가 되었다.

한편, 1945년 태평양전쟁에서 패배한 뒤, 일본의 각계각층의 지식인들이 전쟁의 원인과 과정 그리고 결과를 철저히 분석하며 다음 시대를 대비했다.

한국에서는 일본과 관련된 주제, 특히 역사를 이야기할 때면 '반일감정'에서 촉발된 분노 때문에 논의가 흐트러지는 경우가 대부분이다. 분노라는 감정의 돌풍은 있는 것을 있는 그대로 "보는" 노력을 소홀히 하게 만든다. 그리고 외교, 경제, 안보 등 현실의 문제에서 그 피해는 고스란히 '알지 못한 자'에게 부메랑이 되어 되돌아온다. 분노는 역설적이게도 분노의 대상보다 분노하는 그 스스로를 더 아프게 한다. 한국은 어쩌면 여전히 같은 자리에서 빙빙 맴돌며 '내 탓'이 아닌 '네 탓'에만 머물고 있는 건 아닐까?

---

11. 징비록(懲毖錄) : 대한민국 국보 제132호

어제는 오늘을 비추는 거울이고 내일은 오늘 만들어가는 것
이다. 일본과 건강한 관계를 맺든, 그들의 되바라진 행태에 대비
하든, 시대의 흐름에 역행하는 비극을 막기 위해선 모든 선입견
과 감정의 틀에서 벗어나야 한다. 어제를 정확하게 바라보며 오
늘을 비춰야 한다. 몰라서 당하는 것은 알고 당한 것보다 더 큰
죄다. '가장 늦었다고 생각할 때가 정말 늦은 때'라는 우스갯소리
도 있지만, 이제라도 객관적이고 냉철하게 지피지기(知彼知己)해
야 한다.

2015년 등재된 유네스코 세계문화유산 상황판(8개 지역 23개 유산), 하기시 5개 유산

공학교육의 선구자 요시다 쇼인, 쇼카손주쿠 콘텐츠 1, 쇼카손주쿠 콘텐츠 2
쇼카손주쿠 콘텐츠 2 번역 : 쇼카손주쿠는 일본의 공업화를 확립했던 인재를 양성했던 교육시
설로서 〈매이지 일본의 산업혁명유산〉 중에서 매우 중요한 의미를 갖고 있다.

242   5장. 지금도 살아있는 요시다 쇼인

『고사기 古事記』712, 『일본서기 日本書紀』720

레이와 천황 즉위 기념 잡지(2019년 5월 22일 발매, 영구보존판)

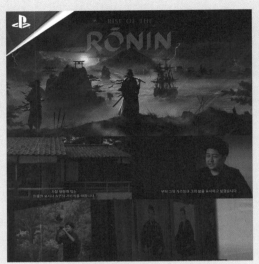

라이즈 오브 더 로닌 표지, 기획자 인터뷰 캡쳐

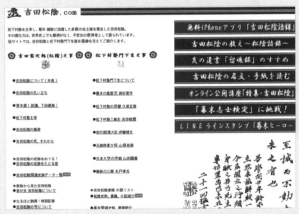

쇼인 닷컴 홈페이지

5장. 지금도 살아있는 요시다 쇼인

쇼인숙 홈페이지 1,2, 도쿄 쇼인신사 앞 쇼인숙

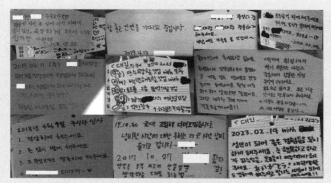

메이지신궁(도쿄), 도요토미 히데요시 신사(오사카), 구시다 신사(후우오카) 등에서
기도하고 염원하며 소원을 비는 한국인들

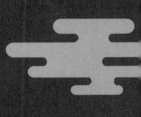

닫는 말
감사의 말

200년 넘게 일본을 지배해 온 에도막부를 쓰러
트리고 천황을 옹립하자는 주장은 누구나 당연하게 여겨온 기
존체제를 완전히 뒤집어엎어 버리자는 개념이었다. 즉 시대
에 대한 반역이었다. 어지간한 사람은 꿈꿔본 적도 없는 생각
을 과감하게 표현하고 행동하며, 전국 각지에서 뭉쳤던 청년
사무라이들은 결국 새로운 시대를 열어젖히는 데 성공했다.
하나뿐인 목숨마저 반역하면서 시대를 반역하려 했던 이들은
'도전'했다. 새로운 역사를 열 수 있는 원동력은 곧 '도전정신'
이었다.

사상가이자 반역가.
걸출한 인물들을 기른 교육가.
일본 전국도 부족해 목숨 걸고 해외로 나가려 했던 호기심
많은 탐험가.
결기 넘치는 글로 많은 이들의 가슴을 울린 문장가.
오직 일본을 위하는 마음을 지녔던 애국자.
행동으로 인간을 감화시킨 인간.

요시다 쇼인은 치열하게 자신을 갈고닦고 다양한 사람들
과 인연을 맺으며 시대에 반역했다. 비록 점점 과격해지는 폭
력성이 또 다른 폭력으로 이어져 그의 삶을 송두리째 휩쓸어

갔지만, 요시다 쇼인은 포기하지 않고 도전했다. 본인의 인생에 21번의 기회가 주어졌다며 스스로를 이십일회맹사(二十一回猛士)라고 부르고, 크나큰 좌절을 견디며 끝없이 도전하던 요시다 쇼인은 지금 이 순간에도 하기 시 언덕에서 동해바다 너머를 매섭게 바라보고 있다.

오늘도 살아 꿈틀대는 그에게 앞으로 몇 번의 기회가 더 남은 걸까? 그와 그의 걸출한 학생들은 지금의 우리에게 무엇을 말하고 있는 걸까?

쇼인에게 던지던 이 질문들은 어느 순간 나를 향하고 있다.

'나는 나인가? 나는 도전하는가?' 그래, 도전이다!!

그 어느 때보다 뜨거운 날씨를 기록했던 2016년의 여름을 오롯이 '요시다 쇼인들'만 바라보고 달렸다. 한반도 역사와 엮인 부분을 다루면서는 일본이 그린 그림(식민지배 등)에 희생된 선조들, 스스로 분열해 버린 한민족, 부당한 지배에 목숨으로 저항한 독립운동가들이 생각나 코끝이 찡해지고 분노하며 때로는 잠을 설치기도 했다. 대한민국과 일본의 역사를 되짚어 올라가면 자꾸 요시다 쇼인을 만나게 되고, 오늘날에도 영향력 있는 모습을 하나둘 발견해낼 때면 온몸에 소름이 돋기도 했다. 요시다 쇼인과 그 학생들의 삶과 홀로 맞부딪힐 때면 여러모로 두려움이 들기도 했다. 그럴 때마다 화랑대(대한민국 육군사관학교), 건명원, 광화문 광장과 통영 앞바다의 이순신 장군님을 기억하며 한 걸음 더 나아갈 용기를 낼 수 있었다. 내게 갖은 시련과 함께 성장을 안겨준 "요시다 쇼인들"에게 정말 고맙다!

야마구치현, 시모노세키, 도쿄의 야스쿠니 신사, 메이지 신궁, 후지산 등을 거쳐 지금에 이르기까지는 최진석 선생님의 '한마디'가 있었기에 가능했다. 문제의식과 호기심을 현실로 끄집어내 주신 선생님을 존경하고 사랑한다. 그리고 이 여정에 깊이 관심 가져주고 외롭지 않게 어깨를 나란히 해 준 건명원 동료들은 소중한 동지이며 스승이다. 앞으로도 동행할 그들께 감사드린다.

2016년 여름, 일본의 최고봉인 후지산(3,776m)에 함께 오르고, 집필에 필요한 일본 서적을 직접 챙겨준 김민호·유희찬 대위는 대한육군의 미래를 짊어질 소중한 친구들이다. 그들의 건승을 언제나 응원할 거다.

쇼인을 찾아가는 여정을 지켜보며 응원해 준 현대미술작가 이장욱은 6년여의 일본 유학경험을 바탕으로 날카롭고 예리한 조언과 일부 원문의 번역에도 큰 도움을 주었다. 그는 소중한 형이며, 평생의 동반자다. 음악가 조응철은 무조건적인 지지와 가감 없는 조언은 물론이고, 중간에 포기하지 않도록 나를 채찍질해주었다. 두 분의 예술 활동이 널리 빛나리라고 감히 확신하고 응원한다.

레이니스트의 김태훈 대표와 팀원들, 정보의 비대칭을 해결하기 위해 그들과 함께 나아가는 하루하루에 더 없이 감사할 뿐이다. 그리고 이 책의 의도에 공감하고 챙겨주신 호밀밭 출판사 장현정 대표님과 부족한 원고를 엮어주시고 디자인해주시며 구슬땀 흘려주신 박정오, 최효선 두 분께도 진심으로 감사드린다.

언제나 조건 없는 사랑과 지지를 보내주시는 가족들이 있기에 여기까지 거침없이 내달릴 수 있었다. 그런데 틈틈이 이 책을 써나가던 2018년 3월 15일 아버지께서 4개월여의 암 투병을 끝내시고 하늘의 별이 되셨다. 병상에서 이 책의 서툰 초고를 읽으시며 그간의 여정을 온전히 이해해 주시던 모습이 눈에 선하다. 당신의 밝고 환한 미소와 헌신적인 사랑은 앞으로도 내 삶과 함께할 것이다. 국립서울현충원에서 수많은 호국영령들과 신나게 어울리시며, 이 나라와 가족을 영원히 지켜주실 나의 아버지, 그리고 영령들께 이 책을 바치고 싶다.

나 홀로 짝사랑에 빠져 지낸(?) 요시다 쇼인과 이제 뜨겁게 작별하려 한다. 이 졸저를 통해 전문 연구가들에 의한 후속연구가 진행되고, 한국 역사 교과서 어디에서도 요시다 쇼인을 찾아볼 수 없는 현실에 경종을 울리면 좋겠다. 또다시 남의 손에 이 땅의 운명을 맡기지 말고, 철저하게 지피지기(知彼知己)하자.

◆◆◆

초판본에 있는 감사의 말씀에 더해 마음을 담는다. 지난 2년간 큰 가르침과 깨달음을 주고 계신 태재연구재단 이사장님, 김동건 태재 미래연구소 소장님과 동료 연구원들께 특히 감사드린다. 육군사관학교총동창회, 경제사회연구원 구성원들께도 감사드린다. 늘 응원해 주시는 최인아책방의 책방마님과 미래를 함께 고민하며 탐구했던 이병한, 임명묵, 전범선, 정은수 등의 선생님, 힘들고 배고픈 시기에 언제든지 밥 사주며 격려해 주신 송철수, 장성욱 선배님 그리고 친구 조창주 님께도 감사드린다. 또한 개정증보 작업을 이끌어 주신 호밀밭 출판사 박정은 편집장님과 믿고 기다리며 함께해 주시는 장현정 대표님께 다시 한번 감사말씀을 드리고 싶다. 역사연구에 뜻을 품고 도쿄대학교로 유학 간 김소연 학생은 덴마초 감옥의 현장을 탐방하고 사진을 보내줬다. 그 덕분에 책이 더 풍성해졌다. 책 읽고 강연 듣고 '코리아세진 캐릭터'까지 선물해 주었던 고마운 후생님의 앞날을 응원한다. 무엇보다도 졸저를 아껴주시고 읽어주신 독자 제현께 머리 숙여 감사드린다.

부록

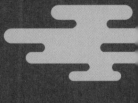

부록1. 요시다 쇼인 연표

연도	연령	날 짜	주요 사건	특이사항 / 저서
1830	1	8. 4	조슈번 하기(萩)의 하급무사(스기 유리노스케)의 3남 4녀 중 둘째로 출생함.	
1834	5		요시다 다이스케(둘째 아버지, 야마가류 병학사범)의 양자가 됨.	
1835	6	6. 20	요시다 다이스케 죽고 가업을 이어받음.(제8대) 타마키 분노신(셋째 아버지) 등이 쇼인의 병학사범직책을 대신 맡음.	
1838	9	1	병학사범이 되기 위해 조슈번의 공립학교인 명륜관에 입학함.	
1840	10	11	명륜관에서 처음으로 야마가류 병학을 강의함.	
1840	11	4	조슈번주인 모리 다카치카와 관리들을 대상으로 〈무교전서〉를 강의함.	청나라에서 아편전쟁 발발
1841	12		마술과 검술 등을 배움.	
1842	13	8	타마키 분노신이 개인학교를 설립하고 쇼카손주쿠라고 이름 지음.	
1844	15	9. 7	조슈번주 등에게 〈손자〉를 강의함.	
1845	16		타마키 분노신의 학교(쇼카손주쿠)에서 철두철미하게 교육 받음.	페리함대 출현
1846	17	3. 3	야마다 마타스케에게 나가누마류 병학을 배우고 면허를 얻음. 야마다 사카이우에몬에게 세계지리책(坤輿図識)을 받음. "서양식 전투진법" 등을 배우며 해안방비대책을 공부함.	「外夷小記」: 외국선박이 나타난 풍문을 기록한 글
1847	18		하야시 마사토에게 야마가류 병학의 면허를 얻음.	
1848	19	1	성인이 되어 독립적인 병학사범이 됨.	
1848	19	10. 4	조슈번 명륜관 재건축에 대한 의견서를 조슈번에 제출함.	「明倫館御再建に付き気付書」: 명륜관의 재건축과 관련된 의견을 담은 글
1849	20	2	명륜관 재건축 완료함.	「水陸戦略」: 해안방비에 관련되어 병학자로서의 의견을 담은 글
1849	20	3. 17	육상/수상전투를 위한 전략 건의서 "수륙 전략"을 써서 제출함.	

연도	연령	날 짜	주요 사건	특이사항 / 저서
		6~7	번의 지시로 조슈번 해안방비 실태를 답사하며 조사함.	「廻浦紀略」: 하기에서 시모노세키까지 북쪽해안의 방비체제를 답사하고 남긴 글
		10. 10	명륜관 학생들과 하기 교외에서 군사훈련을 실시함.	
1850	21	8. 20	번주와 관리들에게 〈무교전서〉등을 강의함.	「西遊日記」: 규슈지역을 여행하고 남긴 글
		8. 25	규슈 지역으로 떠나 나가사키, 히라도, 구마모토 등을 견학함. 미야베 테조 등 많은 사람을 만나며 해외사정에도 눈을 뜸.	
		12. 29	하기에 돌아옴.	
1851	22	3. 5	에도유학을 위해 조슈번주의 에도방문길을 따라 함께 하기를 떠남.	청나라 태평천국운동 「東遊日記」: 하기에서 에도로 갈때까지의 여정을 담은 글 「辛亥日記」: 에도에 머물며 쓴 글 「東北遊日記」: 동북지역을 탐방하고 적은 글
		4. 9	에도에 도착 후 사쿠마 쇼잔 등의 스승을 만남.	
		6. 13	미야베 테조와 함께 에도 주변의 해안 방비를 시찰함.	
		7. 23	조슈번에 동북지역을 여행할 수 있는 허가증을 신청함.	
		12. 14	더 이상 허가증발급을 기다리지 않고, 에도를 출발함. 무단으로 조슈번을 벗어난 죄를 얻게 됨. 미토번에서 신론의 저자인 아이자와 세이시사이를 만남.	
1852	23	1. 4	아이즈, 아오모리, 센다이 등 동북지방을 탐방함.	「睡余時録」: 조슈번의 처벌을 기다리는 동안 적은 글
		4. 5	에도에 돌아옴.	
		4. 10	조슈번에서 하기로 돌아오라는 명령이 떨어짐.	
		4. 18	에도를 떠나 하기로 출발함.	
		5. 12	하기에 도착 후 불법행위에 대한 죄로 근신형에 처해짐.	
		12. 9	병학사범의 관직과 봉록을 박탈당함. 조슈번주의 배려로 10년 간의 자유로운 여행을 허락받음.	

연도	연령	날 짜	주요 사건	특이사항 / 저서
1853	24	1. 26	하기를 떠나 에도로 출발함.	페리함대 에도 앞바다 출현 러시아 함대 나가사키 출현 / 「葵中遊歴日録」: 오사카, 이세 등을 지나 에도로 갈 때의 일기 「将及私言」: 페리함대의 등 장과 관련된 실정을 조슈번 에 보고하며, 구체적인 대응 을 건의한 의견서 「長崎紀行」: 러시아 함대가 있는 나가사키까지 이동하 며 적은 글
		5. 24	에도에 도착한 뒤 사쿠마 쇼잔을 비롯해 많은 지사들을 만남.	
		6. 4	미국의 페리함대가 온 우라가 항으로 가서 직접 관찰함. 〈장급사언〉을 조슈번에 제출함.	
		9. 18	러시아 군함을 타고 해외에 나가기로 결심하고 나가사키로 출발함.	
		10. 27	나가사키에 도착했지만, 러시아 군함은 이미 출항함.	
		11. 13	구마모토를 거쳐 하기에 돌아옴.	
		11. 26	하기에 찾아온 미야베 테조 등과 함께 다시 에도로 출발함.	
		12. 27	에도에 도착 후 지사들을 만나며 시국을 논의함.	
1854	25	3. 5	카네코 시게노스케와 함께 미국 함대를 이용해 해외에 가기로 함.	미일화친조약체결 러일화친조약체결 / 「野山獄読書記」: 노야마 감 옥에서 지내고, 이후에 근신 하던 시기까지 약 4년간의 독서기록 「二十一回猛子の説」: 쇼인 이 주로 사용한 21회맹사란 호의 유래를 설명한 글 「三月二十七日夜の記」: 시 모다에서 밀항하던 때의 행 적을 적은 글 「幽囚録」: 감옥에 있으면 서, 밀항을 시도했던 이유와 그 사상적 배경을 적은 글
		3. 18	가나가와를 거쳐 시모다에 도착.	
		3. 27	미국함정 포하탄 호에 올랐지만 승선을 거부당함. 다음날 시모다 번에 자수해 붙잡혀 감옥에 갇힘.	
		4. 15	에도 덴마초 감옥으로 이송됨.	
		9. 18	막부는 조슈번에 돌아가서 근신하라고 명령함.	
		9. 23	에도를 떠나 하기로 압송됨.	
		10. 24	하기에 도착해 쇼인은 노야마 감옥, 카네코는 이와쿠라 감옥에 갇힘.	
		11. 2	스스로를 이십일회맹사(二十一回猛士)라고 호칭함. 사쿠마 쇼잔 등도 처벌받음.	

연도	연령	날짜	주요 사건	특이사항 / 저서
1855	26	1. 11	카네코 시게노스케가 이와쿠라 감옥에서 병으로 사망함.	파리만국박람회 네덜란드-일화친조약체결 / 「金子重輔行状」: 카네코 시게노스케를 추모하는 글
		4. 12	간수와 죄수들을 대상으로 감옥에서 맹자 강의를 시작함.	
		12. 15	죄를 감면받고 감옥에서 나와 본가로 돌아옴. 외부와의 접촉이 금지된 채 근신하며 독서에 힘씀. 가족의 희망으로 〈맹자〉를 강의함.	「回顧録」: 시모다에서 페리 제독의 배를 타려다 실패했던 이야기를 적은 글 「獄舍問答」: 노야마 감옥에서 죄수들과 나눈 의견을 정리한 글 「冤魂慰草」: 카네고 시게노스케를 추모하기 위해 지인들에게 요청한 추도문을 모은 것 「江戸獄記」: 에도 덴마초 감옥에서의 생활을 기록한 글 「福堂策(上)(下)」: 죄수들을 가르치고, 감옥의 분위기를 더욱 좋게 바꾸기 위한 방법들을 적은 글 「賞月雅草」「獄中俳諧」: 감옥에서 있었던 웃긴 일(해학)을 적은 글
1856	27	6. 18	계속해서 〈맹자〉 등을 강의하며, 강맹차설(講孟余話)을 완성.	「士規七則」: 무사가 지녀야 할 7가지 마음가짐. 훗날 쇼카손주쿠의 규칙으로 응용 「講孟余話」: 노야마 감옥에서 죄수들에게 맹자를 가르쳤던 내용을 정리한 글. 쇼인의 대표 저작 중 하나
		8. 22	인근에 사는 아이들을 위해 〈무교전서〉 강의를 시작함.	

연도	연령	날 짜	주요 사건	특이사항 / 저서
		9. 4	외숙부 쿠보의 학교(쇼카손주쿠)를 위해 쇼카손주쿠기를 씀. 점차 많은 학생들을 가르치며 쇼카손주쿠가 본격적으로 시작됨.	「武教全書講録」: 야마가류 병학의 무교전서의 강의록 「松下村塾記」: 쇼카손주쿠의 교육이상과 그 책무의 크기가 담겨있는 글
1857	28		노야마 감옥에서 만난 토미나가 유린이 출옥해 도움을 줌.	
		11. 5	학생을 수용하기에 부족해 쇼카손주쿠의 증축을 시작함.	
			여동생 후미가 제자인 구사카 겐즈이와 결혼함.	
1858	29	1. 6	"광부 지언"을 씀.	미일통상조약체결 에도막부의 지사탄압 본격화 / 「狂夫の言」: "천하의 큰 병은 자신의 병을 모르는 것이다."라고 주장하며 서양열강과의 조약을 맺는 과정에서 에도막부의 무능력함과 천황의 의견을 무시하는 행태를 과격하게 비판한 글
		2. 19	'다케시마 개척의견서'를 써서 기도 다카요시에게 보냄.	
		3. 11	쇼카손주쿠의 증축이 끝남. 더욱 활발하게 교육을 펼침.	
		6. 15	번주에게 "광부지언"을 건의함.	
		11. 6	교토에서 지사들을 탄압하던 에도막부의 관리, 마나베 아키카츠를 암살하는 계획을 세움.	
		12. 26	노야마 감옥에 갇힘.	「戊午幽室文稿」: 병학자의 입장에서 최하급무사의 등용에 대해 논한 글. (훗날 신분에 관계없이 군인을 모집한 조슈번 '기병대'의 토대가 된다.)

연도	연령	날 짜	주요 사건	특이사항 / 저서
1859	30	1. 24	자신의 계획을 비판한 쇼카손주쿠 학생들에게 분노해 단식하지만, 부모가 말려 중단함. 막부도 무사들에도 미래가 없다며 '초망굴기'를 주장함.	「東行前日記」: 에도로 이송되기 전 가족, 친구, 제자들에게 남긴 글
		4. 19	에도로 호송하라는 막부의 명령이 전해짐.	「照顔録」: 에도로 이송되기 전 옛 사람들의 명언을 담은 글
		5. 25	부모, 친척, 등과 작별하고 에도로 출발함.	
		7. 9	6월 24일 에도에 도착한 뒤 조사 받고 덴마초 감옥에 수감됨.	「涙松集」: 에도로 이송되는 동안 읊은 시구를 모은 글
		10. 20	세 차례에 걸쳐 조사를 받으며 사형을 직감함. 가족과 지인들에게 영결서를 써서 보냄.	「縛吾集」: 에도로 이송되는 동안 쇼인이 한 말을 호송인들이 적은 글
		10. 26	유언을 담은 류혼록(留魂録)을 씀.	
		10. 27	사형을 선고받고 오전 10시 경 덴마초 감옥에서 처형 당함.	「永訣の書」: 가족과 친지들에게 보내는 유서
		10. 29	이토 히로부미 등이 유해를 찾아내 에도의 한 절(에코인)에 묻음.	「諸友に語ぐる書」: 문인과 지인들에게 보내는 유서 「留魂録」: 쇼카손주쿠의 제자들에게 '영혼을 담아' 보내는 유서. 사후 조슈번 지사들의 필독서로 여겨지며 존왕양이 활동의 원동력이 됐다. "몸은 무사시 들판에서 썩더라도, 영원히 남을 일본의 혼!"이라는 절명구로도 유명하다.
1863		1. 5	다카스키 신사쿠, 이토 히로부미, 시나가와 야지로, 기도 다카요시 등이 묘지를 옮김.	

부록2. "요시다 쇼인과 쇼카손주쿠" 3박 4일 탐방코스

구 분	일 정
1일차	**인천국제공항 → 후쿠오카(福岡) → 하기(萩)** - 오전 : 인천공항 → 후쿠오카공항 - 오후 : 후쿠오카 하카타역 인근 점심식사 　　　하카타역 → 신야마구치역(신칸센, 40여 분) 　　　신야마구치역 → 하기터미널(버스, 1시간 30분) 　　　호텔 혹은 게스트하우스 체크인 / 저녁식사
2일차	**하기(萩)** - 오전 : 쇼인 신사, 쇼인박물관, 쇼카손주쿠 　　　이토 히로부미 생가, 타마키 분노신 생가 　　　요시다 쇼인 생가, 동상, 묘지 - 오후 : 명륜관 터, 하기도서관, 하기성거리(UNESCO) 　　　다카스키/기도 생가, 하기박물관, 하기성터, 동해바다
3일차	**하기(萩) → [시모노세키(下関)] → 후쿠오카(福岡)** - 오전 : 하기 → 신야마구치역(버스, 1시간 30분) 　　　신야마구치 역 → 하카타역(신칸센, 40여 분) - 오후 1안 : 후쿠오카 관광 　　　　　구시다신사, 캐널시티, 텐진거리, 온천 등 - 오후 2안 : 시모노세키 → 후쿠오카 　　　　　신야마구치 역 → 시모노세키역(신칸센, 20여 분) 　　　　　조선통신사 유적, 청일전쟁강화조약 기념관, 　　　　　간몬대교, 가라토시장 등 　　　　　후쿠오카로 이동(신칸센, 20여 분)
4일차	**후쿠오카(福岡) → 인천국제공항** - 오전 : 하카타역 → 후쿠오카공항(지하철, 15분) 　　　후쿠오카공항→ 인천공항

유튜브 코리아세진

저자는 함께 '지피지기' 하며 백전불태에 도전하자는 뜻을 갖고, 유튜브 코리아세진 채널을 운영하고 있다. 아래는 이 책과 관련된 주제를 다룬 영상으로 스마트폰 카메라로 QR코드를 비추면 편리하게 감상할 수 있다.

'요시다 쇼인, 시대를 반역하다' 저자 강연	저자 현장 인터뷰
도쿄 쇼인 신사, 고쿠시칸 대학교	야스쿠니 신사 2018년
야스쿠니 신사 2023년	야스쿠니 신사 유슈칸
이토 히로부미의 집	야마구치 현 출신 총리
시모노세키 조약 현장	페리 제독 상륙기념지

도요토미 히데요시 신사	도요토미 히데요시 무덤

메이지 천황 무덤

참고문헌

| 도서

· 가타야마 모리히데(김석근 역),『미완의 파시즘 - 근대 일본의 군국주의 전쟁철학은 어떻게 만들어졌는가』, 가람기획, 2013
· 구범진,『병자호란 홍타이지의 전쟁』, 까치, 2019
· 구태훈,『일본 근세 근현대사』, 재팬리서치21, 2008
· 다루이 도키치(김동희, 김윤희 역),『대동합방론』, 흐름출판사, 2020
· 도널드 킨(김유동 역),『메이지라는 시대 1, 2』, 서커스출판상회, 2017
· 루스 베네딕트(김윤식 외 1명 역),『국화와 칼』, 을유문화사, 2009
· 리콴유(유민봉 역),『리콴유의 눈으로 본 세계』, 박영사, 2017
· 마쓰우라 레이(황선종 역),『사카모토 료마 평전』, 더숲, 2009
· 마에다 쓰토무(조인희 김복순 역),『에도의 독서회』, 소명출판, 2016
· 마에다 쓰토무(이용수 역),『일본사상으로 본 일본의 본질(병학, 주자학, 난학, 국학)』, 논형, 2014
· 미조구치 유조,『이탁오 평전 - 정통을 걸어간 이단』, 글항아리, 2022
· 미즈키 시게루(김진희 역),『미즈키 시게루의 일본현대사』, 에이케이커뮤니케이션즈, 2023.
· 박규태,『신도와 일본인』, 이학사, 2017
· 박훈,『메이지 유신은 어떻게 가능했는가?』, 민음사, 2014
· 성희엽,『조용한 혁명 : 메이지유신과 일본의 건국』, 소명출판, 2016
· 시바 료타로(이길진 역),『료마가 간다 1~10권』, 창해(새우와 고래), 2009
· 신상목,『학교에서 가르쳐주지 않는 일본사』, 뿌리와이파리, 2017
· 신정일 외 3명,『한국사의 천재들』, 생각의나무, 2010
· CCTV다큐멘터리 대국굴기 제작진,『대국굴기 강대국의 조건 : 일본』, 안

그라픽스, 2007

· 아이자와 세이시사이(김종학 역), 『신론』, 세창출판사, 2016

· 안정환, 『상식 밖의 일본사』, 새길, 1995

· 양은경, 『일본사를 움직인 100명』, 청아출판사, 2012

· 에즈라 보걸(김규태 역), 『중국과 일본 - 1,500년 중일 관계의 역사를 직시
하다』, 까치, 2021

· 오구라 키조, 2015, 『일본의 혐한파는 무엇을 주장하는가?』, 제이엔씨,
2015

· 오노 야스마로(노성환 역), 『고사기』, 민속원, 2009

· 오카쿠라 텐신(정천구 역), 『동양의 이상』, 산지니, 2011

· 오카쿠라 텐신(정천구 역), 『일본의 각성』, 산지니, 2021

· 오카베 마키오(최혜주 역), 『만주국의 탄생과 유산 - 제국일본의 교두보』,
어문학사, 2009

· 요네타니 마사후미(조은미 역), 『아시아/일본 사이에서 근대의 폭력을 생
각한다』, 그린비, 2010

· 유민호, 『일본내면풍경』, 살림, 2014

· 유민호, 『일본직설』, 정한책방, 2016

· 이기용, 『정한론』, 살림출판사, 2015

· 이종각, 『이토 히로부미』, 동아일보사, 2010

· 이시와라 간지(선정우 역), 『세계최종전쟁론』, 길찾기, 2015

· 임태홍, 『일본사상을 다시 만나다』, 성균관대학교출판부, 2014

· 전국역사교사모임, 『처음 읽는 일본사(덴노·무사·상인의 삼중주, 일본)』,
휴머니스트, 2013

· 전용신, 『일본서기』, 일지사, 2002

· 정형, 『일본, 일본인, 일본문화』, 다락원, 2009

· 제임스 S. 게일(최재형 역), 『조선, 그 마지막 10년의 기록』, 책비, 2018

· 존 피스크(박만준 역), 2005, 『대중문화의 이해』, 경문사, 2005

· 최양현, 최영우, 『1923년생 조선인 최영우』, 효형출판, 2022

· 케네스 B. 파일(이종삼 역), 『강대국 일본의 부활』, 한울, 2008

· 호사카 유지, 『조선선비와 일본사무라이』, 김영사, 2007

· 히로마쓰 와타루(김항 역), 『근대초극론』, 민음사, 2003

· 伊藤哲夫, ＜教育勅語の真実』, 致知出版社, 2011

· 佐藤広美, 藤森毅, ＜教育勅語を読んだことのないあなたへ―なぜ何度も話題になるのか』, 新日本出版社, 2017

· 韮沢忠雄, 『教育勅語と軍人勅諭: こうしてぼくらは戦争にひきこまれた』, 新日本出版社, 2002

· 明治天皇, 『現代語訳　軍人勅諭』, キジバト社, 2021

· 東条英機, 『現代語訳　戦陣訓』, キジバト社, 2021

· 田中俊資, 『維新の先達 吉田松陰』, 萩市椿東, 1967

· 野中根太郎, 『吉田松陰の名言100』, アイバス出版株式会社, 2014

· 奈良本辰也, 『吉田松陰著作選』, 講談社学術文庫, 2013

· 海原徹, 『松下村塾の明治維新: 近代日本を支えた人びと』, ミネルヴァ書房, 1999

· 海原徹, 『松下村塾の人びと』, ミネルヴァ書房, 1993

· 海原徹, 『江戸の旅人 吉田松陰』, ミネルヴァ書房, 2003

· 坂太郎, 『吉田松陰とその家族―兄を信じた妹たち』, 中央公論新社, 2014

· 『松下村塾吉田松陰と塾生たち』, 萩まちじょう博物館出版委員会

· Maida Stelmar Coaldrake, 『YOSIDA SHOIN and The SHOKA SONJUKU』, UNIVERSITY OF TASMANIA, 1985

· 古川薫, 『高杉晋作奔る』, 講談社, 1989

· 古川薫, 『吉田松陰 独り、志に生きる』, PHP研究所 ,1993

· 古川薫, 『高杉晋作: わが風雲の詩』, 文藝春秋, 1995

· 古川薫,『吉田松陰 留魂録 (全訳注)』, 講談社, 2002

· 古川薫,『松下村塾 』, 講談社, 2014

· 古川薫,『吉田松陰とその門下』, PHP研究所, 2015

| 연구논문

· 박훈, 2010, 「吉田松陰의 대외관 - '敵體'와 팽창의 이중구조」, 『동북아역
  사논총 30』, 동북아역사재단

· 이근상, 2006, 「근세말 시주쿠(私塾) 교육의 특징- 데키주쿠(適塾)와 쇼카
  손주쿠(松下村塾)를 중심으로」, 『일어일문학연구 32』, 한국일어일문학회

· 호사카 유지(保坂祐二), 1999, 「吉田松陰의 朝鮮侵略論에서 본 明治新政府
  의 초기 對韓政策」, 『한일관계사연구10』, 한일관계사학회

· 호사카 유지(保坂祐二), 2007, 「吉田松陰 사상의 근대적 전개 서설 - 청일
  전쟁 직전까지의 일본군 정비과정과 첩보활동 고찰」, 『한일군사문화연구
  5』, 한일군사문화학회

· 이희복, 2015, 「막말군상과 존왕양이사상」, 『한국일본학회 학술대회』
  Iwata Shigenori, 2014, 「인격신의 형성 -야스쿠니 문제의 기층」, 『일어일
  문학연구 88』 한국일어일문학회

| 신문기사 / 홈페이지

· 조선 pub 정순태 칼럼, 「요시다 쇼인의 정한론(征韓論)과 아베 신조의 대
  한관(對韓觀) - 아베 신조의 정치적 자궁(子宮) 조슈를 가다④」, 2014년 1
  월 28일 중앙일보 경술국치 100년 기획, 「망국의 뿌리를 찾아 ① 메이지

참고문헌

일본의 한국 병탄 프로젝트」, 2016년 8월 17일

· 중앙일보 박보균 칼럼, 「광개토대왕비 우울한 진실」, 2016년 8월 17일

· 요시다쇼인 닷컴 http://www.yoshida-shoin.com

· 야스쿠니 신사 https://www.yasukuni.or.jp/english

· 쇼인대학교 https://www.shoin-u.ac.jp

· 고쿠시칸대학교 https://www.kokushikan.ac.jp

· 쇼인숙 https://www.showin.co.jp

· 시모다시 http://www.tabi.kr/izu/shimoda

· 시마네현 http://www.pref.shimane.lg.jp 외 다수

세상 모든 것에 감탄하는
지혜로운 사람들의 공간
호밀밭

요시다 쇼인, 시대를 반역하다

ⓒ 2018, 김세진

초판 1쇄   2018년 8월 15일
초판 6쇄   2022년 5월 20일
개정증보판 1쇄   2024년 5월 27일

지은이   김세진
펴낸이   장현정
편집장   박정은
편집   박정오
디자인   최효선, 김희연
마케팅   최문섭, 김윤희

펴낸곳   호밀밭
등록   2008년 11월 12일(제338-2008-6호)
주소   부산광역시 수영구 연수로357번길 17-8
전화   051-751-8001
팩스   0505-510-4675
홈페이지 homilbooks.com
전자우편 homilbooks@naver.com

ISBN 979-11-6826-151-8   03990